孔孟之道

学悟领导智慧

刘义林 编著

中国华侨出版社

·北京·

图书在版编目(CIP)数据

学孔孟之道 悟领导智慧/刘义林编著.—北京：中国华侨出版社，2007.4（2024.5 重印）

ISBN 978-7-80222-306-6

Ⅰ.学… Ⅱ.刘… Ⅲ.孔孟之道—应用—领导学 Ⅳ.C933

中国版本图书馆 CIP 数据核字（2007）第 042226 号

学孔孟之道 悟领导智慧

编 著：	刘义林
责任编辑：	唐崇杰
封面设计：	周 飞
经 销：	新华书店
开 本：	710 mm×1000 mm 1/16 开 印张：12 字数：130 千字
印 刷：	三河市富华印刷包装有限公司
版 次：	2007 年 4 月第 1 版
印 次：	2024 年 5 月第 3 次印刷
书 号：	ISBN 978-7-80222-306-6
定 价：	49.80 元

中国华侨出版社 北京市朝阳区西坝河东里 77 号楼底商 5 号 邮编：100028
发行部：（010）64443051　　传　真：（010）64439708
网　址：www.oveaschin.com　　E-mail：oveaschin@sina.com

如果发现印装质量问题，影响阅读，请与印刷厂联系调换。

前言 / preface

儒家文化内涵具有博大精深的领导智慧，特别是它饱含以人为中心的人本主义思想，为现代领导学提供了源头活水。

儒家将价值观论述为义与利的关系。儒家非常强调义，孔子说："君子喻于义，小人喻于利。"在义与利的权衡之中，儒家认为义应该首先被考虑，它是衡量利之取舍的标准，作为君子应深明大义。但这并不是说儒家就不重视利。孔子说："礼以行义，义以生利，利以平民，政之大节也。"义，可以产生利，且只要符合义的要求，就可以追求利，甚至可以将这条原则上升为治国理政的根本要义。

儒家传统思想还以维护社会安定和群体协调为宗旨。儒家经典著作《大学》认为，人从道德修养到社会价值实现的过程，需经过格、致、诚、正、修、齐、治、平这八目。其中"修身"是根本，它是个人自我塑造和自我完善的问题，而齐家治国平天下则是将个人价值置于群体之中进行衡量和评定。儒家并非完全忽视人的个性，只是比较强调整体，要求把个人、家庭、国家、天下统一起来，在社会整体中确立个人的价值，强调培养个人对社会、国家的使命感，倡导"先天下之忧而忧，后天下之乐而乐"的崇高的人生价值追求。另外儒家讲究以人为本、以和为贵

学孔孟之道　悟领导智慧

的人际关系。"和"即以和为贵，和而不同，和而不流。孟子提出了"天时不如地利，地利不如人和"的思想，他还把"得道多助，失道寡助"，即人心向背看做是统治者是否具备"人和"的基本条件。以和谐为最高原则来处理人与人之间的关系，才能为组织的生存和发展创造一个良好的内外部环境，大家才能群策群力，保证整个组织有强大的竞争力。取长补短、兼收并蓄的实用理性也是儒家的思想之一。

　　中国儒家思想历来不重玄想和擎饰，而是务求经世致用、知行合一。孔子告诫其弟子："君子欲讷于言而敏于行。"就是规劝他们少说空话，多办实事。儒家崇尚的事功精神和宽宏气度表现于领导之上，就形成了一种取长补短、兼收并蓄的实用理性。

　　儒家思想是一座知识的宝库，从中既可以审时势之变、悟政治得失、学领导智慧，又可以汲取成功的经验和失败的教训。在资讯高度发达、各种领导管理著作层出不穷的今天，在文化上古人的领导智慧至今仍有着割舍不断的延续性，在应用上也有着很强的借鉴意义，因此，从企业管理学、领导学的角度开掘儒家文化的内涵就是一件有必要去做、又十分值得去做的事情。本书即是以此为立足点，探取孔孟思想中的领导智慧，希望能给予广大读者启发和帮助。

目录 / Contents

第一章 见贤用之：使用人才应始终作为第一要务

不拘一格用人才 //002

御下之术，爱心为本 //006

用诚心换取部属的贴心 //010

用人不疑，疑人不用 //014

礼贤下士才能广揽人才 //019

第二章 先难后获：以领袖魅力增强凝聚力

以身作则，增强感召力 //024

以品格魅力立领导之威 //028

上下同欲者胜 //034

不要为过去的事计较恩怨得失 //038
好命令重在执行 //041

第三章 顺天应人：掌握运势之道

终身学习以蓄内力 //048
运势：不战而屈人之兵 //052
善于听取对自己有益的意见 //056
顺势自然，按规律办事 //061
给自己留条后路 //066
学以致用方显领导智慧 //071

第四章 祸起萧墙：忧患意识不可少

居安思危以求有备无患 //076
深谋远虑，防患于未然 //080
不要忽略小事 //085
将不利因素化为有利因素 //091

远见卓识让人总是领先一步 //096

第五章 志不可夺：卓越领导者的特质

信念是使人坚强的精神动力 //104

用积极的心态应对难题 //108

历经磨炼，方能举大事 //113

做事贵在持之以恒 //118

有想法就要坚持去做 //122

身处逆境时不怨天，不尤人 //127

第六章 敢作敢当：要有做大事的气魄

敢为人先引领大局 //132

做人要有一点骨气 //136

不轻易放弃自己的主张 //140

忠诚但不盲目顺从 //144

用战略眼光观察局势变幻 //150

第七章 中庸之道：运用"中"与"和"的处事艺术

掌握原则，建立和谐人际关系 //156

把握好分寸，凡事讲度 //161

欲速反而不达 //167

君子盛德若愚 //172

谨慎行事切莫张扬 //177

第一章 / chapter 1

见贤用之：使用人才应始终作为第一要务

领导者一个很重要的工作就是如何发现人才，重用人才。成功的领导者背后多数都有得力的助手相助才得以成其大业：齐桓公尊王攘夷、称霸诸侯，是因为有管仲尽力辅佐；于乱世中颠沛流离、动辄以泪感人的三国枭雄刘备能够取西川、抗魏吴，成鼎足之势，全赖军师诸葛亮之力；明太祖朱元璋也是重用了刘基、李善长等人，才得以在群雄并起中异军突起，进而统一全国，开创大明王朝。因此，领导者要重用人才、善用人才，应把用人始终作为工作的第一要务。

学孔孟之道　悟领导智慧

不拘一格用人才

舜有臣五人而天下治。武王曰:"予有乱臣十人。"孔子曰:"才难,不其然乎?唐虞之际,于斯为盛,有妇人焉,九人而已。"

(《论语·泰伯第八》)

译文　舜有贤臣五人,就达到了天下大治。周武王说:"我有辅佐治理天下的大臣十人。"孔子说:"古人说'人才难得',不正是这样吗?唐尧、虞舜之后,以周武王时代人才最兴盛,而且其中还有一位是妇女,只能说九人而已。"

千军易得,一将难求。能否重用人才,用好人才将在很大程度

第一章　见贤用之：使用人才应始终作为第一要务

上决定着领导者的成败，三国时期的刘备文不如诸葛亮，武不如赵子龙，但他就是能虚心听取他们的意见，并尽力发挥他们的聪明才智，所以能够成为三足鼎立的一方。因此，见贤，然后用之，则领导统帅可以得宜有方，领导者自己也不须做什么，只要端正地坐在"天子"的位子上就可以了。

三国时期的曹操在用人方面就很有自己的一套。

曹操御人术虽有多种，而赏罚分明得当，则为重要方法之一。曹操历来坚持有功就赏，有过就罚，一视同仁，不分贵贱。汉末十八路诸侯共讨董卓时，董卓勇将华雄连斩联军数员大将，诸侯中无人可敌。此时，尚为平原县令刘备手下一名马弓手的关羽挺身请战。袁术当即怒斥，命人赶出。而曹操却说："此人既出大言，必有勇略，试教出马，如其不胜，责之未迟。"结果，关羽片刻间便提华雄头进帐报功。接着，张飞鼓动诸侯乘势进兵杀入关中以活捉董卓，袁术仍怒喝："量一县令手下小卒，安敢在此耀武扬威！都赶出帐去！"此时，曹操再次反驳说："得功者赏，何计贵贱！"

曹操动用赏罚手段时，往往赏多于罚。部下只要有功，必给相应奖赏，而且针对不同的人、不同情况给予不同的奖励。曹操在庆贺铜雀台建成时，进行比武活动，为了增加喜庆气氛，竟设法搞了一次人人获胜、人人有份的物质奖励。在与李傕交战中，许褚连斩二将，曹操即手抚许褚之背，把他比作刘邦手下的猛将，激动地称赞说："子其吾之樊哙也！"当荀彧弃袁投曹后，曹操见其才华出众，

学孔孟之道　悟领导智慧

当即把他比作刘邦手下的谋士张良，高度赞誉说："此吾之子房也！"一次，在与关羽交战中，徐晃孤军深入重围，不仅获胜，且军容整齐而归，秩序井然，曹操当即把他比作汉朝的名将，大加赞赏地说："徐将军真有周亚夫之风矣！"曹操引用历史上杰出人物作比，对部下及时给予高度评价，这种精神鼓励，实际上超过任何物质奖励的作用。

曹操特别重视奖惩手段的诱导教育作用。这不仅表现在对自己部下，也表现在他对于敌对营垒将士的处置方法上。曹操特别敬佩关羽"事主不忘本"的忠义精神，当关羽得知刘备下落，立即挂印封金留书而去，曹操则对部下说："不忘旧主，来去明白，真丈夫也！汝等皆当效之。"袁绍谋士沮授被俘后，明确表示不肯投降，曹操越发以礼相待，后沮授盗马私逃，操怒而斩之。沮授临刑而神色不变，操则后悔地说："吾误杀忠义之士也！"命以礼厚葬，并亲笔题墓："忠烈沮君之墓。"与此相反，对卖主求荣者，曹操则一向深恶痛绝。曹操部下侍郎黄奎与马腾勾结欲刺杀曹操，与黄奎之妾私通的苗泽向曹操告密，使操擒获了黄奎和马腾，曹操不仅不赏赐苗泽，却认为苗泽为得到一个妇人，竟害了姐夫一家，说："留此不义之人何用！"遂将苗泽与黄奎之妾一并斩首。

奖惩并不是目的。受奖者，励其用命之忠，使之感恩戴德，更加效力于己；受惩者，责其背义之行，臭名披露，用以敬戒部下深思。这可谓曹操用人的独到之处。综观蜀、魏、吴三国，虽各有杰才，但以魏国最多。集拢在曹操手下的谋臣不胜枚举，而且这些人，一旦投到曹操手下，便不仅能够各逞其才，而且皆能死命效力，少有叛变离心者。

用人要有胆量

领导者用人要有胆量，做到求才若渴视野开阔，广泛察人、选人、用人，不拘一格，千变万化，因人而用。凡这些，都证明领导者会用人，反之就证明领导者不会用人。

（1）人才从来都是培养而成的，对他们应当放手使用，使他们有施展才能的空间，战风斗雨。

（2）办事情是否成功完全在于任用人才，而任用人才全在于冲破原有的格局。

（3）用人的原则，应当从一个人正值壮年、精力旺盛的时候就使用他。如果拘泥于资格，那么一个人往往要到昏聩老迈的老年才会得到重用。

（4）对立下大功的人不要寻求其细小的毛病，对忠心耿耿的人不要找其细微的过错。

（5）提升的快慢，不要仅凭一个依据。如果其才能可以任用，就要不限资历，越级提拔。

学孔孟之道　悟领导智慧

御下之术，爱心为本

孟子告齐宣王曰："君之视臣如手足，则臣视君如腹心；君之视臣如犬马，则臣视君如国人；君之视臣如土芥，则臣视君如寇仇。"

(《孟子·离娄下》)

译文 孟子告诉齐宣王说："君主看臣子就像自己的手足一样，那么，臣子就会把君主看得像自己的腹心一样；君主看臣子如同狗马，那么，臣子看君主就如同路人；君主把臣子看成泥土草芥，那臣子就会把君主看成盗贼和仇敌。"

有爱心的领导具有神奇的品质，爱是领导智慧的源泉，是将人们与理性头脑可能观察不到的现实联系起来的内心深处的呼声。从一个人的所爱之中找到令人振奋的东西是当领导的前提。

善行是表达爱的主要方式之一。在看到需要帮助的人就本能地伸出援手的人，当自己本身遭遇困难时，有时也会适时地得到援助。这时，可能会有一个人奇迹般地出现，并且会予以"相同的报答"。

爱人者，人恒爱之，敬人者，人恒敬之。如果领导者能够宽以待人，真诚地对待下属，一定会赢得下属们的信赖和支持，以帮助

第一章　见贤用之：使用人才应始终作为第一要务

自己完成大业。

秦穆公是春秋五霸之一。作为一个英明的君主，他治国有方，文臣武将各尽其力，井井有条。而且他一直具有称霸中原的野心，不仅在军事上大力扩张实力，而且很注意施恩布惠，收买人心。

秦穆公养有一匹千里马，由于得来不易，所以倍加珍惜。为此专门为这匹千里良驹盖了新马厩，并把马厩各处洗刷得十分干净。秦穆公特别宠爱这匹马，专门安排两名马夫精心伺候。有一天马夫们没有注意，马厩门没有关严，千里马抓住这个机会便从马厩跑了出去。

这匹马一直跑出了城，来到荒郊野外。它养在王宫里待习惯了，没想到外面会有什么危险。这匹离开了主人的肥马被一群穷百姓看见了，他们个个喜不胜收，一拥而上将它逮住，也不多想就把它给杀了，三百人美美地吃了一顿。

再说这边马夫们发现良马走失，吓得六神无主，赶紧把这一消息向上级官吏汇报。官吏也着了慌，心想：这是穆公最喜爱的马，如果有个三长两短，自己肯定难辞其咎。于是出动了大批官员出去寻找，好不容易找到了它，眼前的景象却让他们大吃一惊：好几百人正围着一锅肉吃得欢！旁边扔着马皮、骨头，毫无疑问，三百人都被抓了起来，只待秦王一声令下便处以极刑。以百姓之贱躯，而敢食大王的爱马，还有比这更厉害的弥天大祸吗？官吏抱着将功折罪的心情飞报秦穆公，请他定夺。

学孔孟之道　　悟领导智慧

秦穆公听了，沉吟半晌，说："放了他们吧。"

"啊？为什么，他们可是吃了您的千里马啊！"

秦穆公说："君子不能为了牲畜而害人。算了，不要惩罚他们了，放他们走吧。而且，我听说过这么回事，吃过好马的肉却不喝点酒，是暴殄天物而不加以补偿，对身体大有坏处。这样吧，再赐他们些酒，让他们走。"

过了一些年，秦国发生饥荒，晋惠公趁机大举入侵。秦穆公忙率领大军抵抗。这时，有三百勇士主动请缨，原来他们就是多年前吃掉千里马的那群百姓。战场上杀声震天，秦穆公被晋军包围了，身上也受了伤。三百勇士为了报恩，护卫着穆公左冲右突，拼了死力斩杀晋军，晋军吓得连连后退，撤了包围圈。穆公才得以安全地逃脱；那三百人杀得性起，继续追杀晋军，竟然反败为胜，在乱军中将晋惠公活捉了，得胜回国。

古话说："水能载舟，亦能覆舟。"这句话对上下级关系是个很好的比喻。上司可谓舟，部属和群众是水。如果舟能顺着水势，那么不论是回溯还是下流，都能做到运转自如，操纵方便；而如果反之，那么舟就会被水倾覆，再也不能高高在上了。

领导者如果在下属中取得威望，万众一心，就可像秦穆公那样绝处逢生，无往而不胜。

第一章　见贤用之：使用人才应始终作为第一要务

用好名声树立威信

明智的领导者最在意的是名声，有好名声才有好威信，才能做到众望所归。因此，作为一个领导者，不能不领会厚德得人心的内涵，只有顾及下属对自己的品质评价，只有在下属面前树立一个仁义宽厚的形象，才能更好地立权树威，做到取信于"民"。

中国人历来讲究以法服人，但下属也希望他们的上司会是一个宽厚长者，树立一个仁义宽厚的形象，将大大有利于管理工作的开展。这也是厚德得人心的真谛所在。要做到这一点也不是不可能的，领导者不妨从以下几个方面入手，培养自己的宽厚品质：

（1）要努力收敛自己的脾气。

有些上司脾气暴躁，情绪容易失去控制，事无大小都喜欢以脾气压人，他们总以为大发脾气可以造成一种震慑力。其实不然，脾气发得过多，会让下属见惯不怪，其效用也就逐渐失去，而且聪明的下属还会形成一套自我保护的办法。这叫上有政策，下有对策。

（2）勇于认错、改错。

上司犯了错，绝没有掩盖的必要，欲盖弥彰，反而影响自己的形象和威信。勇敢地把错误承担下来，或者公开道个歉，这未必是一件坏事，说不定还会带来意想不到的效果。勇于认错、改错并不是把污点扩大，适当的认错，反而可以把污点变为亮点，这就是小过不掩大德的道理。认个错，当即改正它，这实际上是在显示上司本人的"大德"。

（3）爱护原则。

就是通过爱护的手段，激发起人们的积极性，从而更好地完成任务的原则。爱护原则的第一个要素是尊重。尊重会产生一致的行动；尊重会焕发内在的积极性。爱护原则的再一个要素是关心。用人者越是对被用者关心，被用者越能积极、忠诚地工作。爱护原则的又一个要素应是宽容，以宽厚的胸怀去对待别人的不足，如果对别人的短处"明察秋毫"，甚至"吹毛求疵"，那就会看什么人都不顺眼，根本不能领导和团结人们一起工作。

用诚心换取部属的贴心

孟子曰："食而弗爱，豕交之也；爱而不敬，兽畜之也。"

（《孟子·尽心上》）

第一章　见贤用之：使用人才应始终作为第一要务

> **译文**　孟子说："给他吃的却不爱护他，是在养猪；爱护他而不尊敬他，是在养野兽。"

士人大都孤高自诩，恃才傲物，所以身为领导者要想得到真正的人才，除了给予高官厚禄，最重要的是尊重他，诸葛亮之所以那样披肝沥胆、呕心沥血地为蜀汉王朝服务，就是因为他的主张和建议能够被刘备所采纳，其受尊重程度在关、张之上，为报答刘备的"知遇之恩"而忠心耿耿。魏征之所以敢那样犯颜进谏，冒死上言，其原因也就是因为李世民能听取他的意见和建议。

诸葛亮常常采用征询对方意见的方法，令对方甘愿受命。诸葛亮南征孟获时，兵至泸水，两军对峙，军力疲惫。恰在此时，马岱引兵押送解暑药物和军粮来到阵前，这支队伍有三千生力军。作为三军主帅，即使命令马岱立即投入战斗，马岱也不能不从。但是，诸葛亮却委婉地说："吾军累战疲困，欲用汝军，未知肯向前否？"诸葛亮以此态度对待部下，马岱深受感动，当即慷慨回答："皆是朝廷军马，何分彼我？丞相要用，虽死不辞。"马岱遂完成了偷袭泸水的艰险任务。

诸葛亮北伐中原六出祁山时，与魏军相持不下。为分散魏国兵力，急需有人为之联络，使吴国出兵伐魏。此时正巧费祎自成都来到军中，诸葛亮便对费祎说："吾有一书，正欲烦公去东吴投递，不知肯去否？"费祎十分干脆地答道："丞相之命，岂敢推辞？"诸葛亮遂派费祎去东吴送书。

诸葛亮在用人时，能真诚地对待下属，从而赢得了下属们的尊重。

当时闻名的蜀中"五虎上将"关羽、张飞、赵云、马超、黄忠，可以说都不是等闲之辈，也各有特点，关羽义而善，张飞猛而爽，赵云毅而乖，马超勇而刚，黄忠稳而信，或傲或躁，或巧或憨，各有千秋。但在孔明跟前，皆能服服帖帖，完全按照他羽毛扇的指挥，俯首听令，唯命是从，亦是孔明用人艺术之高超。

把尊重视为一条重要的领导原则

作为领导者应该明白，要想别人怎样对待你，你就应该怎样对待别人——这是一条尽人皆知的为人处世的黄金法则。尊重是双向的。只有身为领导的你尊重下属，你的下属才能更好地尊重你，配合你的工作。每个组织最严重的问题都是人的问题，下属们的贡献维系着组织的成败。每一名下属都希望自己的意见、想法被领导重视，都希望自己的能力得到领导的认可。一旦他们感觉到自己是被重视的、被尊重的，他们工作的热情就会高涨，潜在的创造力就会发挥出来。

如何尊重下属、真诚地对待下属呢？如果你一时还不知该

第一章　见贤用之：使用人才应始终作为第一要务

从何下手，不妨听听如下的建议：

（1）不要对下属颐指气使。

在日常生活中，有不少领导者随意使唤自己的下属，他们扩大了下属的概念，把他们与仆人等同。下属们心里会怎么想呢？他们心中肯定充满了不满的情绪，觉得自己被侮辱被轻视了，从而对领导有了抵触情绪，那他们还怎么可能会把百分之百的精力投入工作当中呢？正所谓"恨屋及乌"，如果下属们对领导抱有一种否定的态度，那么他们又怎么可能努力去完成领导指定的工作呢？

（2）礼貌用语——多多益善。

当你将一项工作计划交给下属时，请不要用发号施令的口气，真诚恳切的口吻才是你的上上之选。对于出色的工作，一句"谢谢"不会花你什么钱，却能得到丰厚的回报。在实现甚至超过你对他们的期望时，用上一句简单的"谢谢，我真的非常感谢"就足够了，而下属们会得到很大的满足，何乐而不为呢？

（3）面对下属的建议，要认真听取。

当你倾听下属的建议时，要专心致志，确定你真的了解他们在说什么，让他们觉得自己受到尊重与重视；千万不要立即拒绝下属的建议，即使你觉得这个建议一文不值；拒绝下属建议时，一定要将理由说清楚，措辞要委婉，并且要感谢他提出意见。

学孔孟之道　悟领导智慧

（4）对待下属要一视同仁，不要被个人感情所左右。

不要在一个下属面前，把他与另一下属相比较；也不要在分配任务和利益时有远近亲疏之分。

任何一个成功的领导，首先都是一个尊重别人的领导。如果要做一名成功的领导，那么就先从诚恳地对待自己的下属开始吧！

用人不疑，疑人不用

齐景公待孔子，曰："若季氏，则吾不能，以季、孟之间待之。"曰："吾老矣，不能用也。"孔子行。

（《论语·微子第十八》）

译文　齐景公谈到怎样待遇孔子时，说："像鲁国国君待遇季氏那样厚待孔子，那我做不到；我用季氏以下、孟氏以上的礼遇待他。"后来私下又说："我已衰老了，不能用他了。"孔子于是离开齐国。

第一章　见贤用之：使用人才应始终作为第一要务

信则留，不信则去，"用我不疑，疑我不为所用"，这是孔子的从政态度，领导者如果疑心过重，对下属不敢委以重任，则不会得到忠诚的下属，像明朝开国皇帝朱元璋建国后担心开国重臣拥兵自重，大开杀戒，几乎杀掉了所有的开国元老，搞的人人自危，谁还会为他忠心服务呢？做领导的一定要有敏锐的目光、过人的胸怀，放手用人，大胆用人，不到不得已、不到证据确凿时不要轻易地怀疑部下。信任才能产生忠诚，实践证明，宽厚明智的领导才能真正服众。

冯异是刘秀手下的一员战将，他不只英勇善战，而且忠心耿耿，品德高尚。当刘秀转战河北时，屡遭困厄，一次行军在饶阳滹沱河一带，弹尽粮绝，饥寒交迫，是冯异送上仅有的豆粥麦饭，才使刘秀摆脱困境；而且他是首先建议刘秀称帝的。他治军有方，为人谦逊，每当诸位将领相聚、各自夸耀功劳时，他总是一人独避大树之下，因此，军中称他为"大树将军"。

他长期转战河北、关中，甚得民心，成为刘秀政权的西北屏障。这自然引起了同僚的妒忌，一个名叫宋嵩的使臣，先后四次上书，诋毁冯异，说他控制关中，擅杀官吏，威权至重，百姓归心，都称他为"咸阳王"。

冯异对自己久握兵权，远离朝廷，也不大自安，担心被刘秀猜忌，于是一再上书，请求回到洛阳。刘秀对冯异的确也不大放心，可西北地区却又少不了冯异这样一个人，为了解除冯异的疑虑，便把宋嵩告发的密信送给冯异。这一招的确高明，既可解释为对冯异的信任不疑，又暗示了朝廷已早有戒备。恩威并用，冯异连忙上书自陈忠心。刘秀这才回书道："将军之于我，从公义讲是君臣，从私恩上讲如父子，我还会对你猜忌吗？你又何必担心呢！"御人为善，增加信赖是一些领导者成功地驾驭别人并取得事业成功的诀窍所在。有一句话说得好：改变态度，就能改变环境，对人的管理也是如此，增加彼此间的信赖才能化解矛盾，减少冲突，共同把事业推向成功。

信任才能上下同心，猜疑只会带来离心离德。在共同的事业中，既定目标和共同的利益使大家团结在一起，无论事业黯淡还是辉煌时，都不能让猜疑介入其中，如果彼此猜疑，群体就陷入分崩离析的境地，再也谈不上共同的事业了。

与下属建立信赖关系

对于某些管理者来说，做到对下属的充分信赖是很难的，但同时也是极为容易的。"难"就在于管理者的思想一定要转变，不仅要牢记"用人不疑"这一准则，同时也要把权力放开，不能牢牢地守着权力不放，否则显然不是对下属能力的一种信任；"易"就在于管理者每天每时都要接触下属，经常不断地向下属布置各种大大小小的工作，这既给管理者提供了了解下属的理想场所，也给管理者提供了运用各种方式，巧妙地向下

第一章 见贤用之：使用人才应始终作为第一要务

属表示信赖的绝好机会。因此，优秀的管理者要能积极地转变权力思想，充分利用各种机会向下属表示充分的信赖。

下面就来介绍如何在用人过程中传达信赖：

①在建立上下级之间的互相信赖、互相帮助的融洽关系时，管理者不应该等待下属信赖上级之后，自己再去信赖下属，而应该首先采取实际行动，以诚相待，主动对下属表示信赖。只有这样，管理者与下属之间才能建立起牢固的信赖关系。

②人生的艰难，竞争的激烈，往往迫使每个人都需要某种"保护色"来掩饰自己真实的内心世界。这就在无形中使识别人才、使用人才增添了很多困难，要冲破这道无形的围墙，管理者不应该无端怀疑下属，应该相信下属的能力，相信下属的热情，相信下属的诚意。也许，在获取信赖的果实之前，管理者可能会付出一点小小的代价。然而，只要能和绝大多数下属编织起一张互相信赖之网，即使管理者为此付出一点微不足道的代价，也是值得的。

③充分信赖下属，通常是通过上下级之间的感情传递和心理满足来实现的。要做到这一点，管理者就应该认真分析下属的心理活动，尽力满足下属各种健康的心理需求。

在正常情况下，绝大多数下属在接触上级时具有共同的心理特征，例如，在研究问题时尽力与上级保持一致的愿望，在工作中希望上级能看到自己的成绩，当工作中偶尔出现某一过失时总是宁愿自己悄悄地采取补救措施，也不想让上级知道等等。对于下属这些共同的心理特征，管理者应在准确掌握的基础上，不断改进工作方法，尽量使下属达到心理上和感情上的某种满足。唯有这样，上下级之间才能进行有益的感情传递，下属才能在心理上处于一种健康的活动状态，并且相信管理者对自己是信赖和尊重的。

④信赖下属，关键还在于"用"。信而不用，这种"信"就不是真信；用而不信，被用者心中难免存有疑虑，这种"用"也不可能用好。在经常地、普遍地信赖下属的基础上，管理者应根据需要，把有限的时间和精力用来信赖那些德才素质最佳的下属。这种信赖，一方面体现在将分量最重、难度最高的工作压在他们肩上；另一方面，还在于能够果断地将他们提拔到关键性的工作岗位上，让他们发挥更大的人才效能。

信赖下属，当然不是盲目信赖，而是以平时对下属的认识和了解为基础的。信赖的基点；就是尊重知识、尊重人才。下属的德才素质、一贯表现、工作业绩、发展潜力等等，都可以作为获取管理者信赖的"参照物"，但是唯有一条禁忌：不要以下属对自己的亲近程度作为是否信赖下属的依据。

第一章　见贤用之：使用人才应始终作为第一要务

礼贤下士才能广揽人才

孟子曰：贵德尊士，贤者在位，能者在职。虽大国，必畏之矣。

（《孟子·公孙丑上》）

> **译文**　孟子说：推崇德政并尊重士人，让贤明的人居于高位，让能干的人担当要职，这样，就是强大的国家，也会对我们感到畏惧。

孟子曾说："尊重有道德的人，任用有才能的人，杰出的人都在掌权的位置上，这样天下的士人都会感到高兴，并愿在朝廷中任职了。"

有志于霸业的领导者，一般都非常重视招揽人才。他们都清醒地认识到，必须把杰出人物团结在自己周围，形成一套强有力的班子，才能够在政治风云中争取到优势，从而战胜政敌，成就大业。地位尊贵的领导者要下一定的决心，放下架子，礼贤下士，才可以真正争取到别人的敬重与拥护，使贤士心甘情愿地为自己服务效忠。这就必须破除尊卑观念对自己的束缚。观念上的束缚在于以世俗的眼光看待人才，或以虚名作为评价人才的尺度。如果不具有诚意，只做表面文章给人看，是不会集拢大批人才的。

伊尹是商朝开国重臣，帮助商汤讨伐夏桀，立下不朽功勋，也许人们不知道，伊尹是在商汤三次拜请之后才肯出山相助的。早年伊尹在有莘的郊野耕种，并喜爱尧舜之道。不合尧舜之义，不合尧舜之道，就是把天下作为俸禄给他，也不看一眼；就是拴四千匹马在那里，也不瞧一下。汤派人拿上礼物去聘请他，他很自得地说："我要汤的聘礼做什么？我还不如这样待在田地中间，用尧舜之道自娱吧。"汤先后三次派使臣去聘请他，于是伊尹一下改变态度说："与其我待在田地中间，以尧舜之道自娱，还不如让当今的国君去做尧舜那样的国君呢？还不如让当今的民众去做尧舜时期那样的民众呢？还不如让我自己亲眼看到这一切呢？"天生育这些民众，就是让先知的人去启发后知的人，先觉的人去启发后觉的人。

"我要用尧舜之道去启发当今的民众。我不去启发他们，谁又能启发他们呢？"

伊尹被商汤的真诚所感化，一到汤那里，就说服商汤讨伐夏桀，拯救民众，并最终帮助商汤完成霸业。

政治领袖善于选才用人，礼贤下士的风度，以其至诚态度谋得辅国重臣的方法，对后世领导者实在有启发和参考意义。

第一章　见贤用之：使用人才应始终作为第一要务

用领导者的人格魅力吸引人才

"有了梧桐树才能引来金凤凰。"作为一个领导者，要想得到优秀的人才，必须首先提高自身的素质，做好本职工作，创造一个能使人才发挥作用的良好环境，才能吸引有所作为的人才与之共同奋斗。所以，在领导活动的实践中，人们通常把通过自身魅力将人才吸引到自己身边的做法称之为魅力吸引法。那么领导者自身的人格魅力具体包括哪些内容呢？

（1）道德高尚。

由于领导者大都掌握一定的权力，所以要耍一耍权威大概是没有什么困难的。但是一般来说，单凭权力只能吸引那些趋炎附势之徒，而广大贤才并不买账。贤才对那些有权力的领导虽然也能够服从，但对领导者个人却总是敬而远之的。他们对于领导，固然不能无视他手中的权力，但是更看重他的思想和人格。因此，只有那些本身道德高尚，有较高声望的领导者，才能成为众望所归的干部，大家才愿意跟着他干工作。

（2）大度容人。

胸中天地宽，常有渡人船。作为领导者，首先要容人小过，容人小短。水至清则无鱼，人至察则无徒。对于他人的小过，需要有点糊涂。宽小过，总大纲，以纲行律己，不以纲行取人，这些都是值得记取的经验之谈。相反，吹毛求疵，就会失去含弘气象，这样是最容易失掉人心的。另外，领导者还要善于容纳异己。容人的要害之点在于容异，就是能容纳持不同意见的人。领导者只有做到对人宽宏大度，容人以德，才能令人尊重，也才能吸引大批贤才。

（3）学识渊博。

领导者的魅力不是领导权力带来的，而是凭其本身学识才干赢得的。没有学识才干，有了权力也不会产生多大魅力。一个领导者只有具备所管业务的具体知识，掌握领导工作的规律，才能赢得人们的信任和拥戴，贤才才有可能向你靠拢。

（4）礼贤下士。

所谓礼贤下士，意为降低身份，敬重贤人，延揽群士。我国历史上有许多尊贤思才、礼贤下士的逸事掌故，至今仍被人们传为美谈佳话。周公姬旦"一沐三握发，一饭三吐哺，起以待士，犹恐失天下之贤人"；魏文帝"思贤甚于饥渴"，他对陈群"待以交友之礼"。这些有作为的帝王将相之所以获得了大批治国安邦的贤才能士，使之在政治舞台上能够大展宏图，礼贤下士是重要的原因之一。实践证明，只要领导者放下架子，求才若渴，尊重知识，尊重人才，在实践中树立礼贤下士的形象，你的身边就会聚集大批人才。

第二章 /chapter 2

先难后获：以领袖魅力增强凝聚力

物以类聚，人以群分。因此，作为一个领导者可以确定：被你吸引到身边来的都是品格与你相同的人，也只有正直而高尚的品格才能吸引真正的人才来为你所用，使你成为一个有威望、并能成就大事业的领导者。

先难而后获，即强调艰难的工作做在人前，获功的工作退居人后。领导者具有高尚的品格和光华四射的人格魅力才能使所有的下属都以自己为中心凝聚于一，而后成就大业。

学孔孟之道　悟领导智慧

以身作则，增强感召力

子路问政。子曰："先之劳之。"请益。子曰："无倦。"

（《论语·子路第十三》）

> **译文**　子路问怎样治理政事。孔子说："以身作则，自己先劳，然后再使老百姓劳动。"子路请求再增加一些指导，孔子说："按上面说的做去，不要厌倦。"

从管人的角度来看，领导可以分为三个层次。第一个层次是靠领导者手中的权力，当一个组织创立初期，各种制度不健全的情况下，领导者的权力往往起着决定性的作用。当组织不断发展，进入正规的轨道时，此时的领导者就要注重制度的建设。用规章制度管

第二章 先难后获：以领袖魅力增强凝聚力

理、领导下属，这是领导工作的第二个层次，而领导的最高层次则是靠领导者的个人魅力，个人影响力去影响下属，成功的领导者往往被称为是精神领袖，这种由个人所带来的功效远远大于权力和制度的作用。如何增强个人魅力，如孔子所言：以身作则，自己先劳。领导者率先垂范，自然会赢得下属们的信赖和敬佩。

在封建政权中，皇帝的地位是至高无上的。先秦时期，已有"溥天之下，莫非王土，率土之滨，莫非王臣"的说法；到秦建立起中央集权的统一政权后，更是"何求而不得，何使而不能"。因此，历代皇帝中滥用民力，穷奢极欲者颇多。不过，南朝宋高祖刘裕则是较为突出的一个例外。

东晋安帝义熙十三年（417年），刘裕亲自带兵消灭了后秦。当时后秦十分富有，仓库中有许多珠玉珍宝。但刘裕并没有借这个机会大肆抢夺、据为己有，而只是将浑天仪等国家所需要的仪器，送到建康（今江苏南京），献给名义上的统治者晋安帝，其余的贵重物品全都赏赐给了自己的部将。刘裕在当时已经是一位很有权势的将军，但是一直等他登基称帝，宫中仍然十分节俭。

起初，朝中宫廷乐器和乐师都很不齐整，长史殷仲文曾经多次向刘裕建议应该逐渐配齐。殷仲文认为宫廷里面就应该有一定规格的宫廷音乐，如果没有的话，就显示不出帝王的气派。而刘裕却不把这当做是首先要做的事情，他一方面讲自己忙于国事军务，顾不上这些，另一方面明确地表示自己并不因没有这些宫廷音乐而感到可耻，况且也不希望因为贪图享乐而荒废了国事。因此，刘裕在历史上被称为是一位清正廉洁的君主。刘裕在日常生活中穿着也很朴实，即使当上皇帝后也不讲究仪仗侍从。他对家中妻儿也是要求十分严格，并从小培养孩子的节俭之风，不允许浪费。对于房室殿堂的布置，刘裕也禁止搞得过于华奢。刘裕还专门下令禁止天下使用金、银涂物。

对于婚丧习俗，刘裕改变以前的奢侈之风。他自己的女儿出嫁，也是十分简朴，为臣下们做了表率。由于他以身作则，使得王公大臣、士族豪强也都随之仿效，由奢趋俭。永初二年，在禁金、银涂物后，他又下命禁止在丧事中使用铜钉。在刘裕的带动下，整个社会风俗发生较大的变化。

出身贫寒的刘裕在控制朝政乃至登上帝位后，能不改俭素本色，并以身作则来改易风俗，取得了良好的效果。

由此可见，君主仁，则没有人不仁；君主义，则没有人不义；君主行得正，则没有人行的不正，一个行为端正的君主就可以让国家安定了。

身教胜于言传的领导法则

领导人一定要能以身作则，透过能创造"进步"与"冲劲"的简单日常行动，先树立典范并带头实践。领导人是透过奉献热忱，及以身作则的实践力来领导群雄的。

为了领导有方，领导人必须很清楚自己的领导原则。领导人应该固守自己的信念，因此他们最好要有信念可固守。此外，领导人必须有流利的口才，以阐述共同的价值观。光是这样还不够，领导人的行为比言辞重要得多，而且必须前后一致，一以贯之才行。

古人说：上梁不正下梁歪，一个领导者只有严格要求自己，起带头表率作用，才能具有说服力，才能增强自己的凝聚力。

领导者要想增强凝聚力，应该把"照我说的做"改为"照我做的做"。

现在有些领导者总对他的下属这样说："照我说的做。"可他们不明白，这是下下之策。真正的上上之策应该是："照我做的做。"

领导者的工作习惯和自我约束力，对下属产生着十分重要的影响作用。

如果一个领导者经常无故迟到，私人电话一个接一个，工作过程中又不踏实，总是盼望着早点下班，那么他就很难管理好他所在的部门，所有工作都会搞得一塌糊涂。

只有自己愿意去做的事，你才能要求别人也去做，只有自己能够做到的事，才能要求别人也去做到。

同样，作为现代领导者也必须以身作则，为下属做出样子，用无声的语言说服下属，才能形成亲和力，才能表现出高度的凝聚力。

以品格魅力立领导之威

孟子曰："伯夷，目不视恶色，耳不听恶声。非其君不事，非其民不使。治则进，乱则退。横政之所出，横民之所止，不忍居也。思与乡人处，如以朝衣朝冠坐于涂炭也。当纣之时，居北海之滨，以待天下之清也。故闻伯夷之风者，顽夫廉，懦夫有立志。"

（《孟子·万章下》）

译文 孟子说："伯夷，眼睛不看丑恶的事物，耳朵不听邪恶的声音。不是理想的君主不去服侍，不是理想的民众不去治理。天下太平，就出去做事；天下混乱，就归隐回家。实行暴

第二章　先难后获：以领袖魅力增强凝聚力

政的国家，拥有暴民的地方，他都不忍心去居住。想到和乡下人相处，就好像穿着朝服戴着朝冠坐在泥淖和炭灰上一样。在商纣王统治时期，他居住在北海边上，等待天下清平。所以听到伯夷的风节，贪婪的人会变得廉洁，怯懦的人也会立有志向。"

对很多领导者来说，很强的个人魅力所带来的最大好处是它能让你与别人之间拥有更亲近、更真诚的关系，从而获得影响力。所以，个人魅力实际上是非权力领导力的升华，个人魅力作用在各方面都增强了非权力领导力，如个人感召力的发挥就需要通过以身作则、说服、分享和帮助等方式进行。所以领导者要讲人品和风范，用自己高尚的人格来影响身边的人，从而树立权威，顺利地实施领导工作。

一个领导者必须学会利用身边的资源，这样他就应拥有迷人的魅力，而迷人的魅力则通过他的一言一行表现出来，并能够传达到身边的每一个人的意识里，在他们的心目中树立起威信。而房玄龄就是通过他自己的言行影响着他身边的人们，并让这些人乐意地与他合作，达到操纵目的。

贞观元年（627年），唐太宗任命房玄龄为中书令。这一年的九月，唐太宗对朝中官员论功行赏，并让陈叔达在殿下当场公布示众，结果，房玄龄、杜如晦、长孙无忌、尉迟敬德、侯君集功列第一，房玄龄封爵邢国公，食邑一千三百户。

不久，房玄龄进位尚书左仆射，监修国史，更爵魏国公。房玄龄觉得唐太宗如此看重自己，更加为国事日夜操劳。

尽管房玄龄忠心耿耿，可还是遭到了别人的诬陷。同中书门下三品宋国公萧瑀，性格怪异，与许多大臣都有矛盾。他见房玄龄深得唐太宗赏识，便心生妒恨，乘机向唐太宗进谗言说："房玄龄与许多大臣私下里结党，虽然没有谋反，可这样总是对国家不利呀。"

唐太宗说："你的话说的严重了，我虽然不是很聪明，但还是能够明辨是非的！"

萧瑀听了唐太宗的话，非常羞愧，也非常害怕，唐太宗念其有功，便没有加罪于他。唐太宗对房玄龄的信任，由此可见一斑。

后来，房玄龄因为一点小小的过失被唐太宗遣回了家。褚遂良上奏说："房玄龄从建国开始就屡建大功，不能因为他小小的过失，就忘了他以前的所有功劳啊。"

唐太宗觉得褚遂良说得有理，便有些后悔，急忙派人召回房玄龄。但很快又因一点小过失，房玄龄再次被谴，归于府第。过了一段时间，唐太宗临幸芙蓉园，房玄龄听说之后，急忙让子弟洒扫庭院，告诉他们说："皇上马上就会来到。"房玄龄的子弟都不理解，感到很疑惑，以为他老糊涂了。就在这时候，唐太宗果然来到房玄龄的府第，带上他返还皇宫。

相传，当时京畿一带大旱数十天，唐太宗载房玄龄回宫之后，便下了一场大雨，解了旱情。老百姓欢呼雀跃，说："这是皇上优待房玄龄的缘故啊。"由此可见房玄龄在当时百姓的心目中，堪称贤相，深受人们的爱戴。

房玄龄身居宰相之位，又在老百姓中有很好的名声，却从不居功自傲，更不贪权图利。唐太宗曾经召集大臣，议论世袭之事，并封房玄龄为宋州刺史，更爵梁国公。唐太宗之所以要封房玄龄为宋州刺史，目的是让房玄龄的子弟世袭。但房玄龄觉得自己身为宰相，应为众大臣做出榜样，不可贪图功名，便上奏唐太宗说："陛下，臣已身居相位，又封宋州刺史，这样下去，别的大臣恐怕会追逐名利，惑乱朝政，这对国家来说不是好事，还是请陛下收回皇命吧。"

唐太宗深以为然，便依了房玄龄的奏折，只封其爵梁国公。房玄龄辞谢了宋州刺史一职之后，朝中大臣纷纷仿效，辞去能世袭的官职。唐太宗非常感慨地说："上行下效，朝中大臣今日能如此行动，都是房玄龄的功劳啊！"

但作为一个人，房玄龄自身也有一些不足，有时过分地依从于唐太宗，不如魏征敢犯颜直谏，魏征就此也曾批评过房玄龄。

唐太宗、房玄龄听了魏征的谏言，都觉得自己做的不对，赞叹魏征耿直。唐太宗罢了修缮北门之事，房玄龄则对于朝中之事更加谨慎。

金无足赤，人无完人。尽管房玄龄也不免有过错，但毕竟是瑕不掩瑜，于大政方针方面无不表现出一个大唐贤相的政治风度。也正因为此，他才成为中国历史上少有的贤相之一。

用个人魅力培养领袖气质

在一般情况下，真正优秀的人才，除了考虑自己实际所得之外，还会考虑两个重要的因素，就是充分发挥自己的能力和有一位可以信赖的领导。实际上，这两个因素的落脚点是在领导者个人身上，即能否让优秀下属依赖并相信有远大的前途取决于领导者的个人修养和素质，也就是他的个人魅力。能否提供条件，让优秀下属有施展才华抱负的舞台，也是由领导者决定的。一位前途光明的领导者会合理运用自己的个人魅力，使许多优秀人才愿意将自己的将来赌在这样的领导身上，相信搭上这班车，可以到达成功的彼岸。

（1）表现出你对下属的关心。你应该使你的下属都相信你是关心他们的。这就要求你必须采取具体行动，而不能仅凭几句空话。你应该以朋友的方式对待你的公司员工，应该把他们作为平等的人来对待，而不应该只是把他们当做创造利润的机器。

（2）准确地为下属描绘宏伟蓝图。你必须能够准确地向下属传达你的意思。作为一个领头人，你应该给你的下属们描绘出一个十分广阔的蓝图："5年后，我们将会是这样的……"

一个更有效率的领导，在为成员们描绘宏伟蓝图的同时，也会向他们提到那些比较具体的细节问题。这些细节问题，不是"想象"，它将成为下属们今后日复一日必须记着去做的工作。

（3）让部属感到公平。你必须使下属确信，如果他们努力工作，他们将会受到表彰，如果他们不努力工作，他们将会受到处罚。

最有能力的领导很少会出人意料地对他们的下属进行提拔或贬职。他们会不断地提醒自己：什么是他们所期望得到的，他们应该怎样做才能够得到这些东西。如果你认为你的下属们做错了，但是你却并不向他们指出来，并且让他们感觉是在从事着一项十分重要的工作，那么你的这种做法无疑是十分错误的，其反作用无疑也是十分巨大的。

（4）和部属一起承担风险。必须能够使你的下属知道，你是在和他们一起承担风险。如果是在战场上，这就意味着，你应该亲临战场，而不是躲在大后方；在生活上，这就意味着，你应该在下属面前起模范带头作用。

学孔孟之道　悟领导智慧

上下同欲者胜

今王与百姓同乐，则王矣！

(《孟子·梁惠王下》)

译文　如果大王同百姓一同娱乐，就可以使天下归服了。

与下属们同心同德，是领导者取得成功的关键，此处孟子以与百姓同乐隐喻领导者应与下属同甘共苦，率先垂范，用自己的行为影响部属，获取信任，以求达到上下同欲，从而团结一心为取得事业的成功而共同努力。

在统一天下的战争中，秦王嬴政就充分看到了全国上下一心的重要性，他屡屡在全国范围内进行军事总动员，并亲自视察前线，犒赏官兵，与民同乐，以求全国上下团结一致，为统一战争服务。在另一方面，由于统一战争前夕，嬴政坚持开放的人才政策，使一大批贤德之士纷至沓来，极大地充实了秦国这架战争机器，使秦国形成一个以嬴政为中心的坚强有力的领导集团、谋略集团。这个集团在统一战争中达到了空前的团结，从而使统一战争有了必不可少的政治保障。

在七雄纷争的战国时代，要想保存自己，战胜对手，仅有高层

第二章　先难后获：以领袖魅力增强凝聚力

领导的团结远远不够，还必须有一支团结的、强大的武装力量。正缘于此，秦王嬴政在加强军队建设上着实费了番工夫。

战国初期，各诸侯国的军事力量基本处于同一水平线上，但是到了战国晚期，情况就发生了根本性变化：秦国的军队由落后状况明显跃居到各国军队之先。这种飞跃性的变化得益于秦孝公时期的商鞅变法运动。但当时各国也都进行了改革，为什么别的诸侯国的军队却没有像秦国军队那样出现举世瞩目的进步呢？这主要决定于商鞅的建军思想以及他对秦国军队所进行改造的具体情况，以及秦国后来的统治者对商鞅变法的建军思想的坚持和深化。概括起来，秦国经验有如下几点：

首先，对旧的国家军队进行了组织改造，使军队成为向全社会开放的武装组织；

其次，对旧的国家军队进行了思想改造，即用"法治"治军思想代替"礼治"治军思想；

再次，增强了国民的国防意识，培养了尚武精神，把国防教育和培养尚武精神提升到了治本的高度。由于把"一切为了战争"作为国家的建军目标，用尚武精神武装军队，武装全体国民，从而为造就出当时第一流的军队奠定了精神基础；

又次，鼓励耕战，以农养战。

从上面一系列改革举措可以看出，秦国军队的改革建设是全面而深刻的，它的改革与国家的政治、经济、文化等方方面面紧密地结合起来,从而使军队建设成为富国强兵目标中的重要一环。

早在统一战争开始之前,嬴政就已经把秦国这支虎狼之师紧紧地掌握在手中,并且依照商鞅的治军思路,不断地加强军队建设,使这支军队组织结构严密无比,思想空前团结。在战争中,嬴政又一次次进行全国总动员,使得全国力量空前团结,实际上就是严格的军国体制。这种体制当然最有利于战争征服,可以说是嬴政一统天下的最根本原因。

能否让全体军民同心同德投入统一战争中,这是秦王嬴政成功与否的关键。然而道理上看起来简单,要做到上下团结一致并不是一件易事,这就要求统治者首先要率先垂范,要靠自己的模范行动赢得部属的信任,这样下级才能自觉服从领导,甘心情愿地为其工作。其次统治者要制订一个统一的政治目标,因为没有统一的政治目标,就难以形成精神上的凝聚力,就不能统一行动,步调也不能上下一致。

嬴政显然正是这么做的。他从统一目标的制订、作战方针的布置、将帅的任用、前线的视察、战争胜利后的普天同庆等,都亲自参与,与臣子同乐共苦。有了这样的领袖人物,才有了全国上下团结一致,共同图谋大业的思想基础,也才有了后来统一六国的辉煌壮举。这些都与他能够和部属同甘共苦是密不可分的,所以领导者如果能够与百姓同乐,则王矣!

第二章　先难后获：以领袖魅力增强凝聚力

用魅力影响部属

聪明人能够使自己的美德像金子一样闪闪发光，具有永恒的魅力。你是否最大限度地表现了自己的才能和美德呢？这可是成功的一大秘诀，它有利于丰富你的形象，有利于你事业的成功。如何最大限度地表现自己的美德呢？请记住"尽善尽美"四字。马尔腾认为："事情无大小，每做一事，总要竭尽全力求其完美，这是成功的人的一种标记。"

美国哈佛大学管理专家皮鲁克斯有一句名言："管理才能是最好的影响力。"真正的领导者是能影响别人、使别人追随自己的人物，他能使别人参加进来，跟他一起干。他鼓舞周围的人协助他朝着他的理想、目标和成就迈进，他给了他们成功的力量。

领导者能力首先是一个人的个性和洞察力——他作为一个人的最核心的东西。领导者应走在下属前面，并且一直走在前面。他们用自己提出的标准来衡量自己，并且也乐意别人用这些标准来衡量他们。

优秀的领导者就是能不断成长、发展、学习的人。他们愿意付出当管理者的代价。为了能不断提高自己的水平，扩宽自己的视野，增加自己的技巧，发挥自己的潜能，他会做出种种必要的牺牲。他们通过自己的努力变成受别人敬仰的人。

有良好个人品质的可依赖的人，比没有受人敬仰的品质的人更有可能成为领导人物。但单靠良好个人品质还不能成为领导人物，这些品质还必须与能积极与人沟通的能力结合起来。领导者与下属建立良好人际关系，关怀下属，学会与下属沟通，调动下属的积极性，积极思维方式、个性、理想，与别人沟通和激发别人积极的能力都能构成领导者才能的基本要求。

不要为过去的事计较恩怨得失

哀公问社于宰我，宰我对曰："夏后氏以松，殷人以柏，周人以栗。曰：使民战栗。"子闻之，曰："成事不说，遂事不谏，既往不咎。"

（《论语·八佾第三》）

第二章　先难后获：以领袖魅力增强凝聚力

> **译文**　哀公问宰我关于社的事。宰我回答说:"夏后氏用松树为社,殷人用柏树,周人用栗树。又说:用栗树是要使老百姓战栗,对政府有畏惧。"孔子听到后,说:"已完成的事,不须再说了;已实行的事,也不须再规劝了;已过去的事,也不必再追究了。"

领导者应当具有宽广的胸襟,对别人已经发生的过失或是既成事实抓住不放,耿耿于怀,只能让自己逐步地处于孤立境地,缺乏下属们强有力的支持,如果领导者能够容忍别人的过失,不仅体现了自己的心胸宽广,犯错之人也会感到自愧,从而对自己的领导更加忠诚。

郭进是宋朝著名的将领。有一次被宋太祖任命为山西巡检。任职期间,他秉公办事,赏罚严明,不徇私情,为此得罪了一些人。有个军校心怀不满,又经人唆使,就跑到朝廷告了郭进一状,说郭进贪污军饷,克扣军粮,损公肥私。宋太祖很重视此事,亲自召见这位军校,详细调查这件事的情况。在言谈话语中,宋太祖发现了许多破绽,因此对此人产生了怀疑,便派人来严厉地讯查他。军校受不了严刑,只好承认了自己的罪行。太祖非常生气,就派人把他押送回山西,交给郭进,详细给他说明军校诬告他的过程,叫郭进亲自杀掉军校。郭进问清了情况,联想到北汉国正与北宋交战,就

学孔孟之道　悟领导智慧

对军校说："我与你并无私怨，你却陷害我，也太不明事理了，这不是大丈夫所为。但你竟敢诬告我，这点胆量我倒很佩服。这样吧，你也知道我国正与入侵的北汉人打仗，如果你能出其不意，在战斗中消灭大量敌人，我不但不治你的诬告之罪，还要向皇上呈报你的战功，提拔推荐你。反过来，要是你被敌人打败，你也就实在没有叫人佩服的地方了，那时你不要回来见我了，自己就去投河吧，我不想弄脏我的剑。"于是军校就被释放出来参加了战斗。在战场上，军校奋不顾身，勇猛顽强，居然杀死了几十个敌人，打了一个胜仗。郭进听说后，很是高兴，不但没惩办军校的诬告之罪，还向太祖呈报了他的功勋。那个军校因此得到了提升。军校对郭进感激得无以复加，以后一直忠心耿耿地跟着郭进，成了郭进手下一员得力的大将。

对于无用或有罪之人，抛弃之不如利用之，利用之不如教育之。郭进不但利用了那个军校，还以自己的所作所为教育了他。化仇为友，转怨为爱。这种为人之道，是很可取的。

要改掉揭人疮疤的恶习

据调查表明，凡是喜欢翻旧账的领导者，也喜欢把今天的事情向后拖延。这种拖延的人，指责下属也不干脆。他不能迅速解决问题，就会将各种问题、包括某人过去犯的错误累积起来，不知什么时候又提出来，完全失去了时间性，这是很笨拙的做法。

组织中的各种事务都要有个完结，这很重要。过去的事已经过去，我们应该努力把现在的事情做好。没有"今日事今日毕"的好习惯，把现在事拖到将来，那么，在将来的日子里，你就得不停地翻旧账。这是恶性循环，办事越拖，旧账越多，旧账越多，办事越拖。

领导者要杜绝揭人疮疤的行为，除了要知晓利害，学会自我控制外，还须养成及时处理问题的习惯。不要把事情搁置起来，每个问题都适时解决，有了结论，以后也就不要再旧事重提，再翻老账。

好命令重在执行

徒善不足以为政，徒法不能以自行。

（《孟子·离娄上》）

学孔孟之道　悟领导智慧

> **译文**　仅有好心还不能够很好地实行政治，仅有法律条文也不能让它自己去运行。

有好的法律条文，还要执行才能显出它的效用，所以领导者在发布完命令之后不能就没事了，因为没有被执行的命令是毫无作用的，因此领导者应当注意让命令有效的方法，这里需要领导者自身不要枉法，不徇私情起表率作用，另外也需要领导者对已下达的命令进行必要的监督。

汉武帝是雄才大略的封建政治家，在他统治期间，以汉族为主体的多民族的封建国家得到了巩固，中国以一个高度文明和强盛的国家闻名于世。在封建社会，法制能否实行直接取决于皇帝能否守法，即能否做到公允无私，不以私害公，在地主阶级内部做到法律面前人人平等。在此方面，汉武帝刘彻是有所留意的。

昭平君是汉武帝的胞妹隆虑公主唯一的儿子，而且是晚年得子，因此对他十分宠爱，不仅让他娶了汉武帝女儿夷安公主为妻，而且考虑到了将来——在隆虑公主病危即将去世的时候，因害怕娇宠过度的儿子将来犯法服刑，特地献出了大量财物，有金千斤，钱千万，请求武帝同意以此替昭平君预先赎免死罪。武帝考虑到自己的兄妹之情，而且隆虑公主即将去世，不忍心拒绝，只得含泪答应了隆虑公主临终前的请求。没想到在隆虑公主死后不久，失去约束的昭平

第二章　先难后获：以领袖魅力增强凝聚力

君便放纵起来，一次醉酒后，竟杀死了侍奉公主的老大夫，被收押到内宫的监狱内待审。昭平君是公主之子，属八议范围。按照当时的制度，八议范围内的人犯有死罪时，一般的司法官是无权审理裁决的，只能将其奏报给皇帝，由公卿议定后再奏明皇帝决定，实际上就是要对其宽大处理。因此，廷尉将此案以公主子为由报告给了皇帝。武帝左右的亲信侍臣也都趁机为昭平君说情，并提醒武帝说："皇帝已经答应了隆虑公主生前的请求。"汉武帝沉吟着说：我的妹妹到了老年才有了这个孩子，对他百般疼爱，临死还将他嘱托给我。说完，汉武帝悲伤地流泪叹息不已。过了许久，武帝却断然说道："法律是先帝制订的，因为公主的缘故而破坏了先帝的法律，让我怎么对得起先帝，又怎么对得起黎民百姓。"于是下令将昭平君处死。

历史学家司马光曾慨叹说："（汉武帝）其所以异于秦始皇者无几矣。然秦以之亡，汉以之兴，汉武帝能尊先王之道，知所统守，爱忠直之言，恶人欺蔽。好贤不倦，诛赏严明，晚而改过，顾托得人，此其所以有亡秦之失而免亡秦之祸乎！"的确，封建君王身系王朝的兴衰，守法与否岂可等闲视之！秦所以亡，汉所以兴，于此亦可略见一斑。

学孔孟之道　悟领导智慧

加强监督，确保命令的执行

要保证工作顺利进行，你的命令就必须得到认真的贯彻，你必须自己亲自去检查工作，因为下级不敢忽视上级的检查。换句话说就是："不检查总会有疏忽！"

检查一个人的工作，以便督促他能够很好地执行你的命令，但也不能伤害一个人的感情，所以这也是一种艺术。监督过度会毁坏一个人的主观能动性，监督不够对执行命令也很不利。要监督还得考虑不要引起被监督者不满的最好方法是：随时到工作现场走走、看看。你的露面对于一个人保持紧张的工作状态起着有力的督促作用。

你可以用下面的检查单中的项目去检查和监督你的下属是否在认真地执行你的命令。

1.每天要专门拿出一点时间检查工作

每天都要检查你所管辖的工作的一部分。但不要每天都在同一时间检查同一内容。要变换时间，也要变换检查的内容。有时在上午检查，有时在下午检查，如果要是两班倒或者三班倒的话，夜班时也要检查。不要让任何人逍遥法外。

2.你检查工作之前，仔细思考一下你要检查的重点

在你检查工作之前，要反复琢磨一下你的检查重点，那样

第二章　先难后获：以领袖魅力增强凝聚力

你就不至于白跑一趟，下属们也不见得能对付过去，你总要表现出很内行的样子，实际上你早已是这方面的专家了。最好你每次检查的内容不要少于三点，但也不要多于八点。每天都要有变化，这样，用不了多长时间你就会把全部工作程序和工作任务都检查到了。

3. 有选择地检查

你在检查工作的时候，不要泛泛地检查，要有所选择地检查几点，其他方面就不必看了。不要想在一天里把什么都看到，实际上你也做不到。这种检查制度要坚持下去，不要让任何事情分散你的精力，也不要让任何事情打断你的例行公事。这样，你所管辖下的整个工作都会有条不紊地顺利进行。

检查时你要按照你选择的重点进行检查，而不是按照你的下属为你提供的重点进行检查。如果你没有自己的重点，那你就可能被人家牵着鼻子走。你时刻不要忘了谁是检查者，谁是被检查者。

4. 多问问题

要记住，你检查工作是为了更多地了解情况，而不是让别人了解你。所以你要多问，细心听取回答。让你的下属告诉你他们怎样改进了自己的工作。如果你让他们说，他们是会告诉你的。毕竟大多数的人还是希望把工作做得更好的。

5. 新检查你发现的错误

如果你不能采取必要的行动改正你曾经发现过的错误，那么这样的检查就没有太大的价值。既然发现了错误。就有必要重新检查。为此要建立一个制度，要对你下达的改正命令实行监督，以便能够得到贯彻执行。

第三章 顺天应人：掌握运势之道

聪明的领导者都是透过别人的力量来达到自己的目的，顺应时势，善于借力，可使领导者事半功倍。势，对领导者而言，是一种可以培养的精神和力量，是一种可以利用的机会和条件。有势者有力，用势者强。领导者多数都是待势而发、谋势而动、把握机会、一举制胜的人。其用势之道，常常审时度势，因势利导于变化中赢得先机，于平常中出奇制胜。

学孔孟之道　悟领导智慧

终身学习以蓄内力

子曰:"由也!女闻六言六蔽矣乎?"对曰:"未也。""居!吾语女。好仁不好学,其蔽也愚;好知不好学,其蔽也荡;好信不好学,其蔽也贼;好直不好学,其蔽也绞;好勇不好学,其蔽也乱,好刚不好学,其蔽也狂。"

(《论语·阳货第十七》)

译文　孔子说:"由呀!你听说过六个字——六种美德和六种弊病吗?"子路回答说:"没有。"孔子说:"坐下!我告诉你:爱好仁德而不爱好学习,它的弊病是容易受人愚弄;爱好聪明而不爱好学习,它的弊病是会放荡不羁;爱好信实而不爱好学习,它的弊病是容易伤害大义,害人害己;爱好直率而不爱好

第三章 顺天应人：掌握运势之道

> 学习，它的弊病是容易出口伤人；爱好勇武而不爱好学习，它的弊病是容易惹是生非；爱好刚强而不爱好学习，它的弊病是容易狂妄，胡作非为。"

"仁、知、信、直、勇、刚"本是六种美好的品德，为人们所赞颂；但如果不好学、又不好思，就不能正确地理解它所以是美德的道理，也不能真正体会它的实质含义，学习的重要性由此可见一斑，大凡成功的领导者都注重学习，因为聪明离不开勤读好学，天资再高，也要求学，地位再高也要尊师，饱读诗书并且善于向老师请教者，才能德才兼备，身为领导者既要让别人"宜慎勉，莫自满"，自己也应如此，即使身居高位，也要经常把自己当成学生看待，大概只有"学"才能"生"，才能成为才智之人，成功的领导者莫不如此。

精通业务才能搞好管理，千万别做门外汉，乾隆皇帝对此有深刻的认识，于是，他勤读好学，以学养生。乾隆做皇子时，从六岁起就开始接受一套很正规和严格的教育，这种教育一直持续了近二十二年。乾隆在读书学习中掌握了汉族封建文化的精粹，并把它成功地运用到自己的统治中，这使他成为清朝皇帝中的佼佼者。

在少时读书时，乾隆和其他皇子每天顶着白纱灯进书房，日暮时才放学，每天诵经研史，吟诗作文，或者骑马射箭，学习时间甚

学孔孟之道　悟领导智慧

至超过十个小时。

于是，在乾隆十二岁之前，已熟读《诗》《书》《四书》等，并且背诵不遗一字。接下来又学习《易经》《春秋》《戴礼》《性理精义》等书，还对《通鉴纲目》《史记》《汉书》及唐宋八大家之文精研。乾隆从这些书中懂得儒家经典和理学精义，在此基础上还对社会现实、民生疾苦、前朝历史有所了解。

汉族封建文化因其源远流长和博大精深而得清朝统治者的推崇，作为少数民族出身的大清皇帝，掌握汉族文化，无疑是维护其统治的重要方面。而乾隆也无疑非常明白这一点，所以，他身体力行，努力学习汉族传统文化。为了最高统治利益，他又必须按照汉族封建统治的原则去行事和施政。从十四岁开始，乾隆帝便边读书，边开始写文章。最初主要是写读书心得。在他的文章中常见诸如《读韩子》《读严光传》《读欧阳修纵囚论》《读王充论衡》《读宋史河渠志》《读左传晋楚城濮之战》等读后感。从这些读书笔记中来看，乾隆的阅读范围是极其广博的，他很注意从各种书籍中汲取营养，作为巩固大清帝国的施政之鉴。

乾隆还主张"学问以经为重。"号召皇子和臣子们读经，他还要求人们读宋代周敦颐、程颐、张载、朱熹等人写的理学著作，说从这些著作中可以得经书真谛："知为灼知，得为实有，明体达用。"从中也可以看出作为深受礼教熏染的封建皇帝，他是很崇奉程朱理学的，尤其是朱子，他认为：宋代理学家振废续绝，使道统得以恢复、发展，功不可没。关于这一点，他还在诗中写道："自汉迄宋初，道昏人如醉，二程实见知，主敬标赤帜。朱子集其成，经天复行地，绝续递相衍，斯文统绪寄。"这说明，乾隆在做皇子的读书生活中已注意历代治国兴衰之道了。他非常佩服儒家明君贤相政治，研究了中国古代各朝的帝王史，其中最为他推崇的一本治国之书，便是《贞观政要》。他亲自为这本书作序，说每读其书，想其时，"未尝不三复叹"。

乾隆饱读经书，做事情总爱引经据典，连他读书的书房也取名为"乐善堂"，意取古舜"乐取于人以为善"，后汉东平王"为善最乐"。乾隆自称："于大舜之善于人间，虽有志而未逮，而东平王之为善最乐，则不敢不勉焉。"未即位以前他所写的诗文也以"乐善堂"为名，所写文章的体裁有论、记、跋、序、表、颂、箴、铭、赋、杂著等。雍正八年，他把所写辑成《乐善堂文钞》十四卷，以后陆续增加，在乾隆元年正式刊刻为《乐善堂全集》四十卷；到乾隆二十三年，他又对此集进行删改，成为《乐善堂全集定本》三十卷；另外还有一本《日知荟说》，这些都是乾隆作皇子时的课业及作品，由此可以了解到一些他青少年时代的生活经历和思想发展过程。自从汉武帝设太学、用儒吏，隋唐开始科举考试选才之后，儒家经典和诗词文赋便成为封建时代有识之士的立身之本，在他们做了高官之后，仍以吟诗作文为志趣，而统治者要想与这些官吏们沟通感情，就需要对汉族传统文化了如指掌。清朝从入关时起，清世祖和他的一代代子孙帝王们就非常重视汉民族文化,乾隆更是对汉文化了解得精之又精,这对他进行成功统治可以说有巨大的影响。

运势:不战而屈人之兵

> 虽有智慧,不如乘势。
>
> (《孟子·公孙丑上》)

译文 纵然聪明,不如顺势而为。

任何一个领导者,都是生活于一定的时空中,工作在一定的具体条件下。并且这一切都处于变动中。而他自身的内在因素要与这诸多外在条件相互作用。他就是要在这种"势"中演出威武雄壮的活剧。"势"制约着他,"势"也成就着他。他就是在这"制约"与"成就"的夹缝中求得生存,发挥才干,引领组织创造辉煌。

领导者要善于造势,然后乘势而上,以"势"来制约对方,让对方看清时势,产生畏惧感,则可以不战而屈人之兵。

第三章 顺天应人：掌握运势之道

中国历史上，著名的以军事制衡造势屈人之兵而吓退敌人的战例莫过于墨子与公输般的桌面交锋了。公元前447年至前431年间，楚惠王发愤图强，连续吞并了陈国、蔡国、杞国、莒国，使楚国在经历了动乱与衰落之后又重新强大起来。楚国要想同晋、秦等北方强国较量，就必须首先征服楚、晋之间的宋国，于是，楚王决定向宋国进攻。楚王起用一位在当时最有本领的工匠，即鲁人公输般，公输般制造了云梯、撞车、飞石、连珠箭等新式攻城武器。楚国一面制造这些武器，一面大肆宣扬，制造舆论，实行恫吓战术。这种战术果真有效，宋国上下都惊慌失措，求救无门。后来墨家的创始人墨子得到了这个消息，他就急忙带了自己的弟子跑到宋国去。墨子主张"兼爱"、"非攻"，反对战争，他听到了这个消息便想出手制止这场战争。他先把弟子留在了宋国，然后自己跑向楚国。

他去楚国的目的就是要劝说楚王停止战争，但楚王认为公输般的器械是天下一流的，很容易就能攻下宋国，就拒绝了墨子的要求。墨子直率地告诉楚王说："你能攻，我也能守，战争的结果并不是你想象的那样。"于是，楚王就叫来公输般，要两人现场演习，看看谁能赢。墨子解下皮带，围在桌上当做城墙，再拿其他的器物当做攻城的器械，两人演示起来。公输般攻，墨子防守。公输般挖地道，墨子用烟熏；公输般用撞车，墨子用滚木擂石；公输般用云梯，墨子就用火箭；公输般一连换了九种攻城方法，均遭到了墨子有效的抵抗，不能取胜。公输般的攻城方法使完了，墨子的守城方法还有几种未使出来。楚王很清楚公输般是输了，但公输般却说：

"我知道怎样打败你，但我不说。"

墨子也说："我知道你能胜我的方法是什么，我也不说。"

楚王很迷惑，就私下里去看望墨子，问到底是什么方法。墨子很清楚地告诉楚王说：

"公输般的意思很清楚，他是想让您把我给杀了，这样就没有人会知道抵御他攻城的方法了。可是我已经委派我的弟子帮助宋人守城，这些抵御攻城的方法，他们每个人都很清楚，因此，杀了我也是没有用的。"

接着他又对楚王进行劝说：

"楚国地大物博，你们如果用心治理，一定会富甲天下。而宋国呢，物产稀少，我真不明白你为什么要去攻打宋国。这不是扔了自己的绸袍去抢别人的烂袄吗？"

楚王听了，羞红了脸，决定不去进攻宋国了。

墨子终于为宋国免去了一场灾难，但这绝不是因为楚王忽然良心发现或是因墨子的一番训导而有所悔悟，根本的原因是墨子让楚王明白了两国军事对比的情况，墨子用公输般久攻不下这一"事实"为宋国制造了声势，通过"壮势"以恫吓楚王，结果不费一兵一卒平息了这场战争。事实上宋国的军事力量并不比楚国强，但是墨子善于运势，在两国兵力相差无几的时候，"势"便成了决定成败的关键,墨子正是抓住了这一关键,乘势而上,进一步对楚王晓之以理,从而彻底击垮了楚王要进攻宋国的信心。

孙子曰:"不战而屈人之兵,善之善者也。"领导者善于运势,顺势而为则可以事半功倍。

会造势方能实现跨越

谋势的过程,实际上是积聚能量的过程。造势完成,意味着聚能的完成。随后的过程就是把已经聚积起来的强大能量迅疾地定向释放。其势如破竹,一泻千里。

造势运作的基本程序是:

(1)运筹谋势。这里又可分为两步:一是全面、准确地把握时局运动情况(历史的、现状的、未来的变化),二是运筹资源配置,创造资源能量储备与释放的"梯度"。

(2)聚能布势。聚积资源能量,包括配置有关资源,使其达到1+1＄2的效果,目的是有效地实现领导行为,造成领导目标。所以,聚能布势的含义有二:或者是形成"激水之疾,至于漂石者"之势(孙武子的话),或者是形成如宇宙的"黑洞"那样对于任何东西都强有力地进行吸纳的势头。

(3)任势造态。任势,是指从已有的势出发,完成一种或一系列期望的领导行为形态(也就是任用已造之势),这实际上就是造态。

（4）储能蓄势。这一步实际上反映了领导行为一个循环过程的结束，下一个循环过程的开始。循环论乃是进化论的一个重要的方法论。每经过一个聚能造势的循环，领导行为的进化就会登上一个新的台阶。

应当指出，上面所说的造势基本上是在领导者可以自主运作的立场上讨论的。而在实际活动中的众多领导决断与领导行为中，还会涉及数不胜数的外来之势可称之为"外势"，或于我有利，我当利用之，或于我不利，我当尽力回避，或转而为我所用之。

善于听取对自己有益的意见

鲁欲使乐正子为政。孟子曰："吾闻之，喜而不寐。"公孙丑曰："乐正子强乎？"曰："否。""有知虑乎？"曰："否。""多闻识乎？"曰："否。""然则奚为喜而不寐？"曰："其为人也好善。""好善足乎？"曰："好善优于天下，而况

第三章 顺天应人：掌握运势之道

鲁国乎？"

(《孟子·告子下》)

> **译文** 鲁国想让乐正子主持政务。孟子说："我听到这消息，兴奋得睡不着。"公孙丑说："乐正子能力强吗？"答道："不。""有智慧、有主意吗？"答道："不。""广闻博识吗？"答道："不。""那么您为什么兴奋得睡不着呢？"答道："他做人的长处是喜欢听有益的话。""仅喜欢听有益的话就够了吗！"答道："喜欢听有益的话，治理天下都应付有余，何况治理鲁国呢？"

一个普通人要成功，就要听取对自己有利的意见，而且这种意见越多越好。事实上，在没有获得成功之前，任何人都是普通人。领导者如果不能广泛地听取部属们的意见，难免作出不理智的决策，一旦决策失误将会造成难以弥补的损失，理性决策需要智慧，集众人之智对领导者来说则是善莫大焉。

1260年前后，对元世祖忽必烈来说，是一个重要的时期。如果说以1260年为标志，在此之前，他还一只脚站在大漠那养育他的草原上，另一只脚站在他所管辖的汉地上的话，在此之后，四十六岁的忽必烈终于双脚踏进了汉地，这小小的区别，却将他由一个蒙古奴隶贵族转变成为一个封建蒙古贵族与汉族地主阶级的代言人，政治形势的发展将他推向了当时风云际会的历史舞台。

　　1259年7月，南征的蒙古大汗蒙哥被炮击中后逝世，在他生前并没像成吉思汗那样对嗣位作明确的安排，他的突然逝世必然会引起其家族对汗位的争夺。果不其然，忽必烈对此立即作出反应，在汉族地主阶级的支持下，于1260年3月，在开平即位。他在发布的即位诏书里宣称自己是太祖成吉思汗的嫡孙，又是先皇蒙哥的最长的弟弟，从才能和名分来说，都是最有资格充当大汗的。显然，他的诏书中的"汉味"十分浓厚。因为在蒙古帝国的继承制度里，并没有立嫡立长的规定，从蒙古帝国的太宗窝阔台到宪宗蒙哥，他们中没有一个人是以先朝大汗嫡长子的身份来继承汗位的。这里所说的嫡长子就是汉地的统治者正妻所生的第一个儿子，按照汉族继统制规定，一般情况下，在众多君主的儿子中，只有长子才有继承权。而蒙古帝国的旧俗却是看重小儿子，如拖雷守产的事例即是。这一次，蒙哥在攻打四川时，便把他在漠北的权力交给了自己的小弟弟阿里不哥，让他留守和林，主持大兀鲁思，管理留守的军队与诸斡耳朵，这有些像中原的皇帝御驾亲征时，将军国大权交给皇太子主持一样，倘若出征的皇帝遇到不幸，这位留守的皇太子自然会被大臣们拥立为新皇。所以，早在蒙哥死亡以前，阿里不哥也像忽必烈一样，形成了自己的政治势力。蒙哥一死，他的支持者们也在和林召开了忽里台，宣布他为大汗。这些支持他的贵族有阿兰答儿、脱里赤等人，之外还有蒙哥的后王阿速带、玉龙答夫、昔里吉，以及察合台的后王阿鲁忽，即便是与忽必烈亲近的旭烈兀的儿子出木哈儿等人也都支持阿里不哥。一时间，在蒙古帝国内，形成了以忽必烈与阿里不哥为首的两个政治集团，一场新的汗位争夺必不可免了。

蒙古帝国两个"大汗"的出现，实际上是新旧两种势力、两派政权的对立，以忽必烈为首的代表蒙汉各族拥护新政的政权，坚持革新，坚持用汉法统治中原，反对用屠杀、抢掠的政策来蹂躏中原；而保守的阿里不哥，以蒙古守旧贵族为一派，顽固地反对忽必烈在汉地推行新法，坚持蒙古帝国以前的政策。实际上，这两个政权的斗争，是集权与分裂、革新与守旧等不同的政治倾向、统治方针之间的斗争，并非是一次简单的汗位之争。

能否取得这次胜利，对忽必烈、对希望革新的蒙古王公贵族和中原地主阶级以及能否继续推行汉法都很重要。这的确是一场不寻常的斗争，为赢得这场斗争的胜利，忽必烈花费了很大心血，动了很大脑筋。

在斗争的过程中，忽必烈始终坚持争取汉族地主的支持。在1264年7月，阿里不哥在走投无路的情况下被迫投降了忽必烈。忽必烈并没有杀这位幼弟，却在团圆的酒宴之后审判处死了他的全部谋臣，并宣布将和林改为宣慰司都元帅府，从而结束了和林多年来作为蒙古帝国首都的地位。

持续了四年的汗位之争终于结束了。一个人的能力总是有限的，若要成就一番事业，实现所布之局，除了自身的努力之外，还要善

学孔孟之道　悟领导智慧

于借助外力为我所用。忽必烈在与阿里不哥政治集团对汗位的争夺战中，借助汉地地主的有力支持，实行了与蒙古旧势力相反的政策，使得民众对他的支持大大提升，最终夺取了汗位。

巧用他人智慧

古语："智能者千虑必有失，愚者千虑必有一得。"所以古人强调集思广益，勤学好问，以便借用他人智慧。如《尚忆》中说："好问则裕，自则则小。"《诗经》亦说："他山之石，可以攻玉。"陈寿在《三国志》中亦说："能用众力，则无敌于天下矣；能用众智，则无畏于圣人也。"这些言论都强调了借鉴他人智慧的重要性。如何借鉴他人智慧，途径有很多：其一，多读一些成功者的传记，借鉴成功者的智慧和经验，即所谓的"站在巨人肩上前进"。其二，多读一些成功学或成功心理学著作，用科学的思想和方法指导自己的行为。其三，遇事多向周围人请教，一则可以征得正确观点，二则可以得到启发，以促进自己的思考。其四，在讨论问题时不要急于发表观点，先仔细倾听他的发言，分辨正误，吸取他人的正确见解，摒弃他人的错误之见，等到大多数人发言完毕之后，再表达自己的思想观点。这样，与他人相比，自己的观点不仅最正确，而且具有定论的性质，这样的发言，当然也就最能服众，巧用他人智慧也就"巧"在这里。总的来看，通过上述途径，巧用他人智慧，一方面可使自己在同僚中成为最能掌握真理的人，另一方面也将成为最少犯错误的人。这必将为自己营造脱颖而出的机会。

顺势自然，按规律办事

禹之行水也，行其所无事也。如智者亦行其所无事，则智亦大矣。天之高也，星辰之远也，苟求其故，千岁之日至，可坐而致也。

（《孟子·离娄下》）

译文 禹治理洪水，就是让水能顺势自然地流淌。如果聪明人顺势自然地去发展，那样聪明就会发扬光大了。天非常高，星辰非常遥远，只要能清楚它们的运行规律，一千年以后的冬至日，也可以坐着推算出来。

学孔孟之道　悟领导智慧

按规律办事似乎是天经地义，可是当局者迷，有时候看不清历史发展的规律，比如重农抑商可以说是中国封建社会历朝君主都遵循的治国方针。但重农抑商政策若走上极端，则是不利于社会发展的，聪明的领导者在面对先祖一贯走"重农抑商"极端之路的历史传统时，应该采取一种折中策略，能以"重农而不抑商"为治国方针。这也是顺应社会发展规律要求的。

秦国重农抑商是一种既定国策，早在商鞅变法之时，就将"重农抑商"以法律形式固定下来。这种政策也是符合当时实际条件的，在统一天下之前，秦国需要供养庞大的军队，既是为统一需要，也是为防止遭受别国侵略。所以对粮食的需要比任何时候都显得更为紧迫。秦王嬴政在当时通过各种手段鼓励百姓进行农业生产，同时限制商业的发展。他甚至采用暴力的手段把商人的地位降到与罪犯同级，多次将有商业牵连的商人亲友征发到边疆戍边。例如在公元前214年，嬴政就将很多从商之人迁往桂林、象郡和南海三郡谪戍。

六国统一后，已经消除了战争，社会出现了相对稳定的局面，对于这种转变，嬴政有了不同于过去的认识。

此时他主要的任务是如何巩固个人皇位，而这需要发展经济，用繁荣来实现稳定。这种对时局看法的改变，始皇嬴政无疑是有的。新兴的帝国想要在战争的破坏中复苏，除了农业的发展之外，商业也会随着社会生产的需要而逐步发展起来。也就在这时，嬴政审时度势地改变了"重农抑商"的政策，他开始鼓励手工业和商业的发展。这种政策的转变完全符合社会发展规律，也符合当时的实际情况。

在建立秦朝之后，嬴政实施了一系列的举措，如销毁天下兵器铸成十二个大铜人；修筑阿房宫、咸阳宫、废除土地国有制，使土地成为一种商品可以买卖等。

这一系列举措无一不牵涉到手工业和商业的兴起。如毁兵器而铸铜人，就需要天下众多手工业者的介入；而兴修宫殿则需要大量匠人和商人流通之商品的介入：土地可以买卖，更是刺激了商业流通流域的进一步发展和扩大。

正是由于手工业的兴起，始皇嬴政专门成立了相关的管理部门，而且在这些部门当中有制陶、刻玉、造器等多种分工。尤其是在冶铁业上，始皇嬴政第一次设立了专职职官——铁官。当时科技进步已经由黄铜转入黑铁时代，作为更加锐利的武器制作的需要，在销毁铜兵器之后，秦朝的兵器已经转而以铁为主，所以帝国的冶铁业更加发达。

始皇嬴政不仅发展了手工业，还对其他行业的精英进行奖赏和鼓励，这无疑更刺激了手工业的迅猛发展。如嬴政因造皇陵需用大量水银，而巴蜀一个叫清的妇女因经营祖传汞矿而致富。为表彰清的业绩，始皇嬴政专门为清建造了一座"女怀清台"。

手工业的发展也带动了商业的发展。对于统一后的商业发展，嬴政并没有采取抑制的手段，而是顺应商业的发展趋势，并在一定程度上鼓励它的发展势头。如秦时有个叫保的贩卖牲畜和丝织品的商人，财富多得要用山谷为单位来计算。嬴政为此下诏令，让保的地位与封君相当，并赐予定时与朝臣一起上朝面见皇帝的殊荣。

总的来说，始皇嬴政推行的既重农、也兴商的政策方针，与商鞅变法之后的抑商、贬商情形大不相同。这反映出始皇嬴政不墨守成规，而是看清时势，力求与社会发展具体需要和发展规律相符合的务实精神。很自然，这应该是任何一个领导者以及经营者必须具有的精神。

因势而辅术

"施之既得其势，而行之又不可以无术。"是说：在实施大政方针上一定要符合各地的形势特点，但在具体做法上又不能不采取相应的措施。

不然的话，"徒讲其政，不察其势"，就好比在适合步兵作战的地方改用车战和骑兵，在适合弓箭作战的地方改用长戟之类的兵器一样。"徒察其势，而不得其术"，就好比士兵不练习作战的方法，作战的器械不精良、不锋利一样，是收不到好的效果的。

察势，目的在于从总体上了解全局，以及全局中各局部之间的关联，全局的过去、现在、未来的走势。在察势的基础上，因势利导，进行创造性的造势：或巧妙地诱导原有形势演变为一种符合时代和民众情境、又能顺利实现领导者期望目标的形势，或一反原有形势而行之，创建一种全新的指向领导期望目标的形势。

用术，实际上是完成所营造之势在能量释放过程中走向领导期望目标的一系列运动状态。

态与势不能分，术与势则不可离。

领导者在进行时局发展态势决断时，切不可只讲其术而不察其势，也切不可只察其势而不用其术。

所以古人论述道："夫能匡世辅政之臣，必先明于盛衰之道，通于成败之数（也可写为'术'），审于治乱之势，达于用舍之宜，然后临机而不惑，见疑而能断，为王者之佐，未有不由斯者矣。"最后一句的意思是：作为君王的辅佐重臣，没有不首先从这里做起的。

不过，在行将结束"领导态势决断力"这一段落之时，我们必须强调：术无论多么重要，它也是导致势运动变化的具体方法和做法；态无论多么重要，它也是势在运动变化中的不同表现而已。

所以，领导人在进行时局发展的态势运筹与决断时，千万不可避重就轻，千万不可忽略察势、造势、任势的首要作用和高屋建瓴作用。只专注于状态，只研究具体的策术，如同下棋，是初学者的作为；主要专注于形势，主要用心于造势，才是下棋的高手。

学孔孟之道　悟领导智慧

给自己留条后路

有子曰:"信近于义;言可复也。恭近于礼,远耻辱也。因不失其亲,亦可宗也。"

(《论语·学而第一》)

> **译文** 有子说:"讲信用要合于义,这样你的诺言才能去实践。恭敬要合于礼,这样才能避免耻辱。所依靠的都是亲近自己的人,才是靠得住的。"

不失其亲,亦可宗也。办事一定要找可靠的人,真心亲近自己的人,不要把自己逼上绝路。提到绝路,常会令人有毛骨悚然之感。是的,绝路等于绝望。但是有没有办法防止走到绝路上呢?答案是肯定的。例如,你是否相信"多个朋友多条路,多个仇人多堵墙"呢?这是亘古不变的古训,它告诉人们千万别把矛盾冲突扩散开来,而是以交友为人生之要。

刘邦年轻时行为放荡,却在放荡中透出一种豪侠仗义的英雄之气,令人钦佩。所以,许多人都主动亲近他,把他视为最可信赖的知己。他以此更加广泛地推广自己的交友之道,不轻易与人制造矛盾,显示出王者之气。

萧何也是沛县人,与刘邦是同乡。此人精明能干,通晓业务,勤于职守,办事公道,又忠厚老实,有很高的品德修养。在县府中,他起先是县丞手下的一名小吏。由于他通晓律法,审讯囚犯时从无冤枉陷害,办案精明而公平,是县丞得力的助手,在县府的小吏之中享有盛誉。萧何的政绩被沛县县令发现后,便提拔他为沛县的"主吏掾"。主吏即功曹,汉代的郡守、县令之下皆设有功曹史,简称功曹,主管总务、人事,参与政务,有相当的实权。掾,是附属官员的通称。

但是在萧何的心目中,刘邦却是一个超凡脱俗、出类拔萃的人物。他暗暗把刘邦当做自己的首领。刘邦平时不拘小节,常常惹出些违法犯禁的麻烦,萧何总能施展出刀笔吏的神通,把大事化小,小事化了,使刘邦不至于吃官司。以后,萧何又极力推荐,让刘邦当上了泗水亭的亭长。

更为难能可贵的是,萧何为了能够经常和刘邦在一起,主动放弃了进京高升的机会。

秦始皇为了巩固秦朝的政权,对各级官员的政绩要求十分严格。他定期派出特使,到各郡县巡行,考察地方官吏,以决定其升贬。去沛县考察的是一位御史,这位御史看萧何精明能干,极力推荐萧何到京城做官。萧何却不愿同刘邦分开,婉言谢绝了御史的盛情,继续留在沛县当他的"主吏掾"。以后刘邦在沛县能够起义成功,萧何确实在其中起了十分重要的作用。

学孔孟之道　悟领导智慧

另外，管理马车的夏侯婴以及泗水亭的亭卒周苛等等，这些人都是刘邦的生死至交，尽管他们的身份各异，地位不同，但他们都乐意唯刘邦之命是从。刘邦一旦遇到什么危险，他们会不顾自己的一切，鼎力相助，即使赴汤蹈火，也在所不惜。夏侯婴的案子，就是一个很好的例证。

夏侯婴的职衔是"厩司御"。这是一种较低的官职。他除了管理县里的车马外，还要经常赶车出城给县令办事。每次办完公事，夏侯婴都要绕到泗水亭去找刘邦，或是喝喝酒，或是说说知心话，而且一坐就是大半天。这种亲昵关系，引起了别人的嫉妒。

过了一段时间，夏侯婴听到消息，他将被提升为"试补县吏"。"试补县吏"属于县里的高级职员。夏侯婴乐得一蹦三尺高，连家也顾不上回，一口气赶到了泗水亭，把这个喜讯告诉给刘邦。

刘邦也为自己老朋友的荣升而万分高兴，亲手做了几个小菜，打开一坛存放多年的陈酒。两人相对而坐，你一盅，我一盅，欢欢喜喜地畅饮起来。真是人逢喜事精神爽，一坛老酒很快见了底，两人都有了几分醉意。但是，话却越说越投机，精神越来越亢奋，以至于乐得忘掉了一切，两人好像一下子又回到了孩童时期。你推我一把，我捅你一拳，拉拉扯扯，滚打在一起。刘邦猛一用力，只听夏侯婴"哎哟"一声，胳膊脱了臼。

这件事被刘邦的一个政敌知道了，到沛令那里告了刘邦一状，说刘邦是"吏伤人"。按秦朝的法律，做官吏的人犯了法，要从严惩处。刘邦身为泗水亭长，负责维护地方上的治安，结果自己打伤了人，这事一旦落实，刘邦轻则免官，重则要作为刑徒，发配到边疆去修长城。

沛令本来看刘邦很不顺眼，如今得了这个机会，打定主意，要重重地惩治刘邦。他迅速传齐各方，公堂会审。

大堂上，刘邦矢口否认。夏侯婴更是极力辩白，说是自己不小心摔伤了手臂，与刘邦没有关系。萧何、曹参也尽量帮着刘邦说话。刘邦的那位政敌只为耳闻，并未眼见，结果以"诬告"的罪名，挨了一顿板子。

原告变成了被告。那位政敌觉得窝火，又多方探听了解到责任确实在刘邦身上，就想翻案。沛令也不死心，以升官发财为诱饵，让夏侯婴如实招认。夏侯婴决不出卖朋友。第二次升堂，又没有问出什么结果。只好给夏侯婴加个"责任心不强"的罪名，打了几百板子，蹲了一年多大狱。"试补县吏"的职位也泡了汤。他用自己的身体和前程，保护了刘邦。

在社会底层的普通民众中，刘邦也结交了一大批热血朋友，如周勃、樊哙等。他们尽管出身贫寒，可个个侠肝义胆，身手不凡。都在刘邦建立事业中，立下了不朽之功。

学孔孟之道　悟领导智慧

为成功打造你的关系网

打造一张关系网最大的好处就是，你可以因此拥有许多机遇。

交往越广泛，遇到机遇的概率就越高。有许多机遇就是在与朋友的交往中出现的，有时甚至是在漫不经心的时候，朋友的一句话、朋友的朋友的帮助、朋友的关心等等都可能化作难得的机遇。在很多情况下，就是靠朋友的推荐、朋友提供的信息和其他多方面的帮助，人们才获得了难得的机遇。交往广泛，机遇就多，不可急功近利，有许多机遇是在交往中实现的，而在初步交往中，人们很可能没有看到这种机遇，在这个时候，不要因为没有看到交往的价值，就冷漠这种交往。谁知道与谁的交往会带来很大的机遇呢？

有的人可能会觉得自己社交面太窄，认识的人太少，实际上，你的"关系网"远比你意识到的要广大得多。你实际拥有的网络延伸到了你每天都有联系的人之外，更多的联系包括你与之共同工作和曾经一同工作过的人们，以前的朋友，你整个大家庭的成员，你遇到过的孩子的父母，这些人都会是你的网络成员。你的网络成员还包括那些你在各种关系网络中认识的人，以及与他们有联系的人。只要你能努力处理好与他们的关系，你也一定会找到成功的机会。

每一个成功者的背后都有另外的成功者，没有人能凭借自己一个人的力量达到事业的顶峰。所以，从现在开始，你就要努力地培养人缘，吸收大量对你有帮助的人和资源，构建有助于你的事业的关系网。

学以致用方显领导智慧

子曰："诵《诗》三百，授之以政，不达；使于四方，不能专对，虽多，亦奚以为？"

(《论语·子路第十三》)

> **译文** 孔子说："熟读《诗经》三百篇，交给他政务却办不了；派他出使外国，却不能独立地去谈判交涉，读的再多，又有什么用呢？"

孔子在这里主要是强调要学以致用，很多人会随着时代的进步被淘汰，都是因为他们喜欢按照老规矩做事，以致无法求变。世上万事万物都处在不断发展变化中，作为领导者的思想与管理方式也

学孔孟之道　悟领导智慧

必须随之变化、发展，这就是所谓的"与时俱进"。领导者不能拘泥于书本，不能拘泥于成规，要根据实际情况灵活变通，否则只能导致赵括的"纸上谈兵"，或如孔子所言：虽然熟读诗经三百篇，却不能处理实际事务，其结果就是：成事不足，败事有余。

宋襄公本是想当霸主，却没想到在诸侯大会上被楚国捉了去，亏得公子目夷设法营救，才把他迎回宋国重登君位。宋襄公回国后十分气愤，可又不敢去惹楚国，就想去攻打郑国，因为郑国在诸侯大会上曾首先倡议让楚国当盟主。虽然公子目夷等一帮大臣不同意宋襄公攻打郑国，但他还是一意孤行，带兵出发了。

郑国自知敌不过宋国就向楚国求救，楚王就取围魏救赵之法，派成得臣和门勃率兵直接攻打宋国，这样，宋襄公迫不得已回师救宋。宋、楚两军在泓水相遇，隔河相望。公子目夷等人认为，楚军军强马壮，宋军应先避其锐气，况且楚国是为了援救郑国，既然宋军已经撤回，这场战争就可以避免了。宋襄公却不同意，他认为楚人是蛮夷之族，虽然军队人数占优，却不是仁义之师，蛮兵是敌不过仁义之师的。于是，他打出了"仁义"的大旗，企图以"仁义"之师打倒蛮夷之兵。宋襄公不切实际，自认为能够恐吓对方。但蛮夷之人非但没被吓倒，反而在大白天大摇大摆地渡过河来。

公子目夷对宋襄公说："楚人在大白天里过河，是小看我们，我们正好利用他们骄傲的情绪，在他们还没有渡完河的时候出击，这样我们就能打赢此仗。"宋襄公听不进去这些，他认为既是"仁义"

之师，就不该趁别人未渡完河进行袭击，这不是"仁义"之师所为。就这样，宋军失去了进攻的绝佳机会。

楚军渡完河，还没有排好阵势，公子目夷又及时向宋襄公提出建议，现在趁机攻打他们也能取胜。宋襄公却骂公子目夷道："你真是个不懂道义的人，别人尚未列好队，怎么能打他们呢？"

楚军排好了阵势发起了攻击，宋军抵挡不住，大败而逃。公子目夷等人拼死保护宋襄公，可他还是受了伤，腿上中了一箭。公子目夷责备他不切实际，他却一本正经地说："打仗就要以德服人，怎么能随便袭击别人呢。"

爱护百姓，增加国力，加强军备，就可不战而胜，这是一条千古不易的真理。但如果只图虚名，或是迂腐自误，那不仅不能克敌制胜，还会不战自败。

学以致用的至高境界是创新

领导者如果没有创新能力，在他领导之下的国家也好、团队也好肯定会毫无战斗力，也没有活力可言。创新即突破常规，创造机遇，找到新招。领导者应当明白，现在任何一个单位都不是一个故步自封的世界，而是一个充满竞争的世界；这种竞争，主要是创新的竞争。现在很多单位都引入了竞争机制，目的就是激活单位的内部因素，提高单位的竞争力。领导者需要

学孔孟之道　悟领导智慧

多动脑筋，多创新，找出一条适合自己单位发展的路子，面对困境起到力挽狂澜的作用。

"布里丹的驴子"的故事就是个很好的例子：有一头驴子，肚子很饿，而在它面前两个不同方向等距离地有两堆同样大小、同样种类的料草。驴子犯了愁，由于两堆料草和它的距离相等，料草又是同样的数量和质量，所以它无所适从，不知应该到哪堆料草去才是最短距离，才最省力气，于是在犹豫不决中饿死在原地了。这个故事的寓意是深刻的，除了故事创造者们批驳布里丹环境决定意识的观点外，它还向人们揭示了这样一个道理：许多时候，只要有点创造意识，就会焕发创造行动，就会有活力；而呆板凝滞是足以扼杀创造性的。

领导者必须牢记一条真理，我们每个人都可以应用创造力，同时在应用中增强这种有效的能力。也许有些领导者认为，高智商就意味着高超的创造力。但这是一种错觉，至少不完全对。领导者的创造力是没有极限的，唯一的限制来自他所接受的知识系统、道德系统和价值系统。这些系统常常妨碍他的创造力。由于这些系统的纷繁复杂，有些领导者在其中受到空前束缚，甚至认为自己没有创意。殊不知，任何一种系统都是人创造的，所以，你有权利持怀疑态度，而采取全面的创新方式，拓宽你的发展之路。作为领导者要善于创新，把各种"绊脚石"除掉，找到适合自己单位发展的道路。

第四章 / chapter 4

祸起萧墙：忧患意识不可少

古人云：人无远虑，必有近忧。古人又云：一国之忧不在外国，而在萧墙之内也。作为领导者即使在安定、繁荣时期也应具有战战兢兢、如临深渊、如履薄冰的忧患意识。只有这样方可有备无患，避免突然出现大的危机，或是及时发现危机将其消灭在萌芽状态，避免造成损失。所谓『君子有终身之忧，无一朝之患』便在于此。

学孔孟之道　悟领导智慧

居安思危以求有备无患

入则无法家拂士，出则无敌国外患者，国恒亡。然后知生于忧患而死于安乐也。

（《孟子·告子下》）

> **译文** 国内如果没有通晓法度的大臣和辅佐的人才，国外没有敌对的国家和侵扰等外患，国家常常会被灭亡。这样，就知道忧愁祸患让人生存，安逸享乐让人灭亡的道理了。

大凡领导者在初创崛起之时，不可无勇，不可以求平求稳，而在成功得势的时候则应该求淡、求平、求退，莫要在势盛之时，头脑发热，忘乎所以。在保泰持盈之时应静思谦让，居安思危，才能

第四章　祸起萧墙：忧患意识不可少

有备无患。

西汉显贵最久的家族，非张安世莫属。终西汉一朝，张氏家族屹立不倒，成为历史上一个鲜有的特例。

张安世本是著名酷吏张汤的儿子，张汤死后，汉武帝怜其遭人暗算，便对张安世着意提拔，加恩眷顾。他历任三朝，深得皇上信任，虽是朝廷重臣，却从不敢骄狂自恃，反是如临深渊，凡事无不小心谨慎。

他确是一个有心之人，凡事都用尽心机，即使有些事看似没有必要，他也考虑再三，不敢疏忽。每当和皇上商量国政作出决定之后，他必称病不朝，掩人耳目。一待政令颁布之后，他还故作不知地派人去丞相府探问详情。如此一来，当真瞒过了群臣，没有人知道他参与决策的事。

霍光死后，有人奏请皇上让他接任大将军之职。他得知此事，不喜反忧，向汉宣帝极力推辞。汉宣帝不准，他便勉强接受，却从不以大将军自居，为人处事倒比从前更加谦恭了。

有人向汉宣帝报告说：

"张安世辱没大将军的威名，实不堪任。有此卑微的大将军，当是我朝的耻辱。"

汉宣帝痛斥了那人，正声道：

"张安世掌大权而不揽势，居高位而不显扬，何人能及？如此大贤大德之人，朕最是放心，实是我朝的大幸。"

张安世身兼选贤拔能的大权，这本是能给他带来利益的肥差，可他却从不让被提拔的人知道是他荐举的结果。有人闻得风声向他送礼致谢时，他也拒不受礼，坚不承认此事，以至常有人误会他尸位素餐，不任其事。

更为难得的是，张安世生活俭朴，夫人竟是亲自纺织，家中仆人耕种土地，自给自足。他总是教育儿孙要戒除骄气，不可恃势凌人，如有犯者，他必亲自动手，予以严惩。

如此经营，苦心孤诣，张安世富贵久长，祸事不招，自不能说是幸运的缘故了。

张安世的做法别具一格，不是人人都能做到的。处在算人的最有利位置上，做的最多的却是防人算，这也正是他的大聪明之处。就做人来讲，这样的城府于己有益、于人无害，再深一点又何妨？

多往坏处想，才能使事情往好处发展。任何事情好与坏都是相对的，凡事多往坏处想一点，做事就会多一分谨慎、少一分张狂和粗暴，事情成功的机率自会大些，自己的安全系数自会高些。

别让莽撞毁了自己

成为领导者不外经由两条途径：一是在此工作单位很久、

第四章　祸起萧墙：忧患意识不可少

工作经验丰富，因而晋升为领导者；另一种则是由其他工作单位调过来的。前一种情况，由于相处的时间很久，晋升的领导者能够很清楚地了解每一位同事、下属的个性，在管理上不会发生太大的困难。而后者可就难说了。

当你刚刚调到新的单位担任领导时，所见到的都是陌生的面孔，这时绝对不可全凭私见，对他们有先入为主的印象，因为这样往往会造成错误的判断。另一方面，在尚未到达新工作单位时，这些同事、下属可能对你已掌握了相当多的情报。

"这次新调来的主任，听说是位很能干的人。"

"听说是不喝酒、不抽烟，像木头般的人。"

诸如此类的事情，下属可能已经调查得一清二楚，然后睁大眼睛等着看你的表现。这时，你大可不必在乎别人的评论，因为这只会徒增工作上的困扰而已。要将自己当做一张白纸，一切从头开始。

"我还不了解诸位，对新工作也得有个熟悉的过程。同样地，诸位对我大概也很陌生，但不管如何，既然今后大家都要在同一单位工作，希望大家能和我共同合作，支持我的工作！"新任领导者要用这样的态度开始才可以。

新官上任三把火，但这火还是缓一缓再烧。领导者即使有看不顺眼之处，也不要说："这件事要这么做才对"或"我以前的地方不是这样的"，否则会引起同事、下属的反感。要带着新鲜的心情来开始此项任务,即使对新单位业务已有十足的信心,也要谦虚地对下属说:"我还需要进一步提高,希望诸位能多多指教。"

对于新任领导者来说,新单位的一切信条、规定、制度、方针……,也都要从头仔细学习。对于不熟悉的事务,应当征求下属之意见或请他加以说明。

自然,塑造一个成功的新任领导者形象的最好方法是工作成绩突出。你的杰出表现及其带来的声誉,将使人们知道你是多么了不起。人们从你昔日成功的记录,或仅仅通过目睹你工作时的风采,就可认定这一点。当人们看见你在所从事的领域里的非凡表现时,他们也不会怀疑你的执业水平。

深谋远虑,防患于未然

子曰:"听讼,吾犹人也。必也使无讼乎!"

(《论语·颜渊第十二》)

第四章　祸起萧墙：忧患意识不可少

> **译文**　孔子说："听讼辞以断案，我同别人是差不多的。不过，在我，一定要教化老百姓，使不发生诉讼案才好。"

公正无私地审断案件的是非曲直，固然是审理诉讼的主要目标，但是还不应仅止于此，孔子提出通过仁政德治的方法，对百姓进行教化，使人际关系和睦，从根本上消除引起诉讼的因素，由此可以看出孔子的远见。一个具有深谋远虑的领导者，与一般人不同之处是能看到有可能出现的"漏洞"，并作出果断的决策。防患于未然，是做人办事的基本功。俗话说，"千里之堤，溃于蚁穴"，故掌揽朝政，定要深谋远虑，除祸患于未然，斩逆端于萌芽，切不能优柔寡断，而对于已然出现之问题，更须彻底解决，免成燎原之势。

清朝康熙年间经过一段时间的精心准备，撤藩的条件已基本成熟，但这毕竟是一次伤筋动骨的大手术，康熙帝"慎重图维，详细商榷而后定"，终使这一项大的政治改革顺利完成。撤藩，为巩固清朝统治之需，势在必行，但年轻的康熙帝一纸通令，三藩并撤，未免过于简单。这场旷日持久的大规模战争，使他受到锻炼，趋于成熟。他总结自己战争前后的变化是："前者，凡事视之以为易；自逆贼变乱之后，觉事多难处。"因此，他在战后撤藩中采取了区别对待、分期分批的办法，稳步进行。

学孔孟之道　　悟领导智慧

康熙十九年三月，四川、湖广、广西已平定，即将进兵云贵时，康熙帝暗中着手处置尚、耿二藩问题。

尚可喜的儿子尚之信归顺朝廷后，康熙帝原指望他能出兵湖南，协助剿灭吴三桂，然而他却心怀贰意，不肯出力。康熙乃于三月初六命刑部侍郎宜昌阿、郎中宋俄托等，以巡视海疆为名赴广东，会同平南将军赖塔秘密处理此事。藩下都统王国栋领会意图，伪造尚之信之母舒氏、胡氏的《告变疏》。尚之信其弟尚之节一怒之下杀死王国栋，其部下八千余人也在五月十三日夜从广西隐蔽撤回。将军赖塔以此为口实，立即率满兵擒拿尚之节等人，经审讯，"悉得其状"。为了安抚尚藩军心，稳定局势，康熙于八月十三日以假言相欺，宣布：令尚之信来京是为了核实情况，并非欲治以法；不欲解散藩兵，尚之信来京期间，藩兵暂属尚之孝；令诸官兵常念国恩，释去疑虑，各保身家妻子。

半个月之后，即八月二十八日，准备就绪，才对尚之信及有关人员作出处理。即：尚之信不恩不孝，法应当斩，但因曾授亲王，从宽，赐其自缢；逆党尚之节、李天植等按律正法。但对一向忠于清廷的尚可喜，则不因其子反叛而受株连。康熙以其"航海归诚"，"不肯从逆"，而对其妻舒氏、胡氏从宽免死，并免于没收财产。对尚之孝、尚之璋、尚之隆等也从宽，免革职枷责。

由于掌握时机，注意策略，区别对待，因而未大动干戈就顺利解决了尚之信。

第四章　祸起萧墙：忧患意识不可少

康熙对耿精忠的处理更为谨慎。早在康熙十六年十一月，藩下参领徐鸿弼等即遣人赴部，首告耿精忠归顺之后仍蓄谋反叛，列罪状五款。康熙留疏不发，策划调虎离山之计。康熙十九年五月初六谕令康亲王杰书设法劝耿精忠自动要求赴京，但"不可轻举"。杰书遵旨开导，耿精忠于四月上疏自请陛见。康熙立即准其来京，并借机削夺其兵权，授耿藩所属都统马九玉为福建将军，统福州府靖南藩下官兵。

同年八月，耿精忠至京后，康熙将以往有关耿精忠罪状的留疏交法司勘问，但并未按部议立即黜爵磔死。康熙二十年九月，平叛战争接近最后胜利时，康熙帝将耿氏家口编为五佐领，连同耿精忠之弟耿昭忠、耿聚忠，一并归入汉军正黄旗下，直到次年正月，方才以逆党之罪将耿精忠磔死。

通过上述步骤，撤藩基本完成。康熙为消除隐患，于平定云南之后，令将分布在福建、浙江、广东等地的耿精忠、尚之信属下旗员撤回京师，重新安置。一般均革职入旗，以原品随旗上朝，世职不准承袭；遇到旗下有缺时，其中个别"堪用之人""酌量补用"；马九玉在耿精忠反叛时曾哭劝再三，归正后又对清廷尽忠效力，故"以原官解任来京"，这充分表明康熙此时仍坚持区别对待的原则。

从康熙帝的整个政治生涯来看，此次平叛和撤藩对加强国家统一，促进经济发展都大有裨益。而对康熙帝人生体验来说，实为一笔不算太小的精神财富。从康熙做人办事的过程看，他是一个防患专家，一生历尽大小事件，均告成功，说明了他为人处世的高明。

没有胜算不要盲动

《孙子》中说："多算胜，少算不胜，由此观之，胜负见矣。"这里的"算"是指"胜算"，也就是制胜的把握。胜算较大的一方多半会获胜，而胜算较小的一方则难免见负。又何况是毫无胜算的战争更不可能获胜了。战术要依情势的变化而定，整个战争的大局，必须要有事先充分的计划，战前的胜算多，才会获胜，胜算小则不易胜利，这是显而易见的道理。如果没有胜算就与敌人作战，那简直是失策。因此，若居于劣势，则不妨先行撤退，待敌人有可乘之机时再作打算。无视对手的实力，强行进攻，无异于自取灭亡。

三国时的曹操便是一例。他的作战方式被誉为"军无幸胜"。所谓的幸胜便是侥幸获胜，即依赖敌人的疏忽而获胜。实际上，曹操的制胜手段确实掌握了相当的胜算，依照作战计划一步一步地进行，稳稳当当地获取胜利。而要做到有把握，就必须知彼知己。孙子说："不知彼而知己，一胜一负；不知彼，不知己，每战必败。"这句话虽然很容易理解，实际做起来却颇难。处于现代社会中的人,均应以此话来时时提醒自己,无论做何种事均应做好事前的调查工作,确实客观地认清双方的具体情况,才能获胜。

决策有时候还是需要运用"不败"的战术来稳固现况。就像打球一样,即使我方遥遥领先,仍须奋力前进,掌握得分的机会。荀子说:"无急胜而忘败。"即在胜利的时候,别忘了失败的滋味。有的人在胜利的情况下得意忘形,麻痹大意,结果铸成意想不到的过错。须知"祸兮福之所倚,福兮祸之所伏",在任何情况下,都要预先设想万一失败的情况,事先准备好应对之策。

不要忽略小事

子游曰:"子夏之门人小子,当洒扫应对进退,则可矣,抑末也。本之则无,如之何?"

子夏闻之,曰:"噫!言游过矣!君子之道,孰先传焉?孰后倦焉?譬诸草木,区以别矣。君子之道,焉可诬也?

学孔孟之道　悟领导智慧

有始有卒者，其唯圣人乎！"

（《论语·子张第十九》）

译文　子游说："子夏的门人，叫他们做洒扫应对进退这些事是可以的；但这不过是末节，根本的东西却没有学到，怎么可以呢？"

子夏听到这话后说："唉！子游说错了。君子育人之道（由浅入深，有一定顺序），不会因为（洒扫等小道）是末节而先传授，也不会因为（仁义等大道）是根本放在后面就不传授了。（小道、大道）像草木一样，是要区别开的。君子育人之道怎么可以歪曲呢？教育弟子能够有始有终（成一完整系统）的，大概只有圣人吧！"

子游大概是瞧不起子夏的教学方法，他说，子夏的门人只是做些洒水扫地的事情，这是末节，根本的东西却学不到，有什么意思呀！很有些蔑视的味道。子夏却不以为然，他说，君子之道，哪些先传授，哪些后传授，是有区别的。能够按照循序渐进的原则有始有终，大概就是圣人了。子夏是对的，勿以善小而不为，勿以恶小而为之。这是一句耳熟能详的话。天下大事必做于细，天下难事必做于易。万物一理，许多的小事情其背后却隐藏着大道理。如果对小事不屑一顾，眼高手低，最终也一定不会做成大事，只

第四章　祸起萧墙：忧患意识不可少

有小事大做，则小事也能变成大事，大事小做，则大事也就变成了小事。

康熙三十三年五月十四日，刑部等衙门报告：太监钱文才打死民人徐二，应处以绞刑，监候办理。为此，康熙对大学士们说："凡是太监犯罪，决不能宽恕，应该加等治罪。朕发现自古以来，太监善良者太少了，关键在人君防微杜渐，开始就注意，如果开始就姑息纵容，逐渐玩弄权术，等到势不可遏，虽然想制服，却并非易事。如汉代的十常侍、唐代的北司，窃弄成权，甚至皇帝起居服装饮食，都在其掌握之中，这不是一朝一夕所能形成的。太监原来是被阉割的人，其性情与一般人不同，有年已衰老而一言一行还像个婴儿，外表装作老实厚道者，内里却居心叵测。必须是太君英明，这些家伙才无法施展权术。朕听说明代皇帝将朝廷奏章的批答权委托给司礼监，司礼监又委之名下内监，此辈素无学问，不知义理，委之以事，怎么能不发生谬误呢？其间闹出多少笑话，简直不可思议。"康熙帝又说："钱文才杀人案，你们要记住，到秋天审判犯人的时候，一定要严加惩办，不能让他漏网，逍遥法外。"

四十年五月二十二日，江南道御史张援上疏，要求将西山碧云寺后葬有前明太监魏忠贤之墓及石碑二座，彻底平毁。出于对太监佞臣的痛恨，康熙帝特旨批准。

四十二年四月二十三日，康熙阅读明史，将其心得体会讲给大学士们说：朕自幼年的时候，即每件事都好问个为什么？明代太监的事，朕都看过，所以那时候的事，朕知道的很详细。太监魏忠贤的恶劣形迹，史书仅仅记其大概而已，还没有详细记载。明朝末年的皇帝多有不识字者，遇到讲书时，就垂幔听之，诸事听任太监办理，所以生杀大权，尽归这些人操纵。

康熙又说：明史记载杨涟、左光斗死在北镇抚司狱中。闻此二人，在午门前受御权而死，太监们用布裹尸拖出去。至于随崇祯殉难的人，乃是太监王承恩，因此，世祖章皇帝作文致祭，并立碑碣。

以上不烦征引，说明康熙对历代作恶多端的太监深恶痛绝，只有个别的如王承恩例外，因其忠君随死。如魏忠贤之流，因其恶迹昭彰，康熙对其墓、碑下令平毁，似有不共戴天之仇。为什么呢？因为此辈害国害民：清代宫中太监仅供洒扫使役，不给权柄。权衡利弊，忠奸分明，太监小人，不可重用，是康熙对太监任用的指导思想。

康熙由一个太监作恶联想到中国历代太监干政带来的祸患，从而对太监的行为作了严格的限制。我们从秦王朝往下数，能如清代这样几百年间太监都无法兴风作浪的实在不多，这不能不说是康熙实施圣明的管人之道的结果。

第四章 祸起萧墙：忧患意识不可少

从小事中显真情

假如你是一个领导者，你会过问每一个下属的饥寒冷暖吗？事实上，这是不可能的，因为你根本没有那么大的精力。

但是，这不是说关心下属的冷暖是无所谓的事情。相反，应该适时、适当地做一些细致入微的事情，使下属能够充分感受到你对他们的关心，这不会占用你太多的时间，而所取得的效果却往往出人意料、令人鼓舞。如果你总是摆出一副官架子，遇到不愉快的事就露出满脸的不高兴，不屑于做或根本不情愿去做小事，那么，你的下属就会对你产生成见了。

在处理一些小事的时候，如果你处理得不合理、不恰当，下属们也会小视你，因此千万不要忽略对一些小问题的处理。作为一个上级领导，如果连一点小事不愿做，或者连一点小事都做不成，便会威信扫地。一个连小事都做不好的人，又何谈做大事呢？

况且有一些小事，你作为领导，是必须努力做到的。

例如，你的下属得了一场病，请了半个多月的病假在家里养病，今天，他恢复健康，难道你对他的到来会面无表情，不

学孔孟之道　悟领导智慧

加半句客套,没有真诚的问候话语吗?

再比如,你的一位年轻下属找到了一位伴侣,不久就要喜结良缘,或者这位年轻下属在工作中取得了突出成就,为本部门作出了杰出的贡献,难道你能不冷不热、无动于衷地不加一句祝贺称赞的话语吗?

这种事情确实很小,往往会使一些领导者觉得无足轻重,不值一提,但正是这些小事折射出领导人品质的整体风貌,下属也往往通过这些无关紧要的小事去衡量和评判一个领导。

小事往往是成就大事的基石,这两者之间是相互联系,相互影响,相辅相成的。领导者要善于处理好这两方面的关系,使两者相得益彰。

如果领导者能在许多看似平凡的时刻,勤于在细小的事情上与下属沟通感情,经常用"毛毛细雨"去灌溉下属的心灵,下属便会像禾苗一样生机勃勃,茁壮成长,最终必将结出丰硕的果实。

第四章 祸起萧墙：忧患意识不可少

将不利因素化为有利因素

孟子曰："人之有德慧术知者，恒存乎疢疾。"

（《孟子·尽心上》）

> **译文** 孟子说："具有德行、智慧、本领、才识的人，是由于他长期处于忧患之中。"

忧患意识应作为领导者始终绷紧的一根弦，即使是在歌舞升平的繁荣时代也不可掉以轻心，高枕无忧，比如中国古代军事上的征服往往相对容易，精神上的征服则往往难而又难。而且，后者在一定条件下还会出现转化，即从精神上的反抗转而变为军事行为。尤其是领导者在位初期，虽然尚未出现公开的反抗，但暗中的反抗势力却仍然存在。在这方面，应始终保持着清醒的估计，要有打江山的智慧更要有在打下江山之后守江山的智慧。

秦始皇嬴政懂得，在费尽艰辛地统一了六国之后，中原诸侯国的领土尽管已悉归己手，但是六国贵族的残余势力哪能自甘灭亡呢？他们必然会以各种方式在暗地里对抗秦的统治。有鉴于此，他就必须采取措施防止死灰复燃，将反抗苗头扼杀于从前状态。正缘于秦皇嬴政对此深有所知，为了防患于未然，巩固新政权，他以极大的热情对全国民众进行了一次又一次大规模的迁徙，使原来一盘散沙的百姓全部规划进他为大秦帝国勾画的蓝图之中。

在向偏远地区迁徙民众和朝廷罪犯的过程中，始皇嬴政还作出了一个前所未有的迁徙决定，那就是迁天下豪富于咸阳十二万户。此后，嬴政又多次陆续下令将数万户或零星的豪富迁往他乡。

从始皇嬴政所指定迁徙的这些人来看，他们不是巨富，就是政治威望高的人。很显然，嬴政的目的是在新的领土上巩固秦的统治而削弱旧势力对新政权的敌对力量。而将这些有头脑、有实力、有手艺的豪或者富，迁到经济落后的地区，兼有使他们在那里落地生根、促进当地经济发展和社会进步的题中之意。

正如嬴政所希望达到的政治经济效果那样，迁豪是富有成效的。因为那些原来的豪富们因经营有道、生产有方、身怀绝技，走到哪里都可以一展身手，富己而利国，嬴政的迁豪决策其实也是有一定科学性的。

在秦的历史上迁徙虽屡见不鲜，但是一下子迁徙十二万户豪富齐聚秦的政治统治中心咸阳，可以说是前所未有的事情。嬴政对此是有过一段时间考虑，而且自然有着强烈的政治性和目的性。

在统一战争过程中，以及战争刚完成之后的一段时间内，六国贵族豪富们薪尽火传、此起彼伏地对大秦政权不断地进行颠覆活动，他们还在幻想不堪一击的故国会奇迹般地重现于中原，还在企盼那

第四章　祸起萧墙：忧患意识不可少

个在战争中崛起的巨人忽然倒下。

对于这些反秦的暗势力来说，突然出现眼前的新的皇帝、国家都不是他们所期盼的。他们虽然表面上在俯首，但俯首并不等于妥协，他们的内心还在燃烧着复仇的余烬余热，只是在苦等着时机而已。

迁豪的目的，就要让这些人在自己的眼皮底下生活，纳入最快捷、最有效的控制状态。

正是这样，六国豪富们在目瞪口呆的诧异和无奈之中不得不变卖家产，领着双亲妻儿踏上了通向咸阳的风雨不归之路。来到咸阳后，六国豪富面对的是一个完全不同于原来的生活环境，他们的邻居、他们的朋党、他们所熟悉的一切都发生了变化。在咸阳这个城市中，他们变成了一个个孤立的异乡人，一切都要从头开始，环境要重新适应，新的谋生之道要重新寻求。家庭生计、人际关系的重新建立等等，这些琐碎繁乱的事情早已把他们搞得焦头烂额，失去了原有的社会基础，加上为生计所迫，哪里还有精力去搞颠覆活动呢？在当时的情况下，而且还有各种道路通行法规的制约，串连和偷返故地不仅有生命危险，而且是不可能的。

就在六国豪富慢慢地融进秦人的过程中，始皇嬴政总要不时对他们加以敲打，使这些人不得不努力去适应这个新的国家、新的皇帝。在把家人和钱财带到咸阳的同时，六国豪富们还为咸阳带来了各地先进的农业、手工业等生产技术，带来了各种各样的经营和管理之道，这自然会加速咸阳经济的发展速度，也能加强咸阳同全国各地的经济联系和交流，更能大幅度地增加秦王朝的赋税收入，增强国家的经济实力，从而不断地维护和巩固新王朝，也奠定了咸阳成为一个全国政治、经济、文化中心的基础，通过迁豪，秦始皇的政权得到了进一步的强化，由此可以看出他在胜利之后对形势的清醒的把握，把原本对国家稳定的不利因素转化成了强化统治的有利因素。

领导工作中扭转局面的方法

很多领导者都会有自己的反对者，这是不可回避的事实。成熟的领导者都会驾驭反对者，变反对者为支持者，化消极因素为积极因素。怎样变反对者为支持者呢？这就要做到以下几点。

（1）虚怀纳谏，勇担己过。

一个管理者必须具备虚怀若谷的胸怀、容纳诤言的雅量。遇到下属反对自己的事，要扪心自问，检讨自己的错误，并且在自己的反对者面前勇敢地承认。这不但不会失去威信，反而会提高权威。对方也会因为你的认错更加尊重你而与你合作。千万不可居高临下，压服别人，一味指责对方过错，从不承认自己不对。即使心里承认但口头上却拒不承认，怕失面子，这是不可取的，也是反对者最不能接受的。

（2）弄清原因，对症下药。

反对者反对自己的原因是多种多样的，只有弄清楚，方能对症下药。有的是思想认识问题，一时转不过弯来。对于这种反对者切不可操之过急，而应多做说服工作。实在相持不下，一时难以统一，不妨说一句：还是等实践来下结论吧！有的下属反对自己是因为自己的思想工作方法欠妥或主观武断，脱离实际；或处事不公，失之偏颇。对于这种反对者最好的处理方法就是从善如流，在以后的行动中来自觉纠正。还有的反对者则是因为其个人目的未达到，或自己坚持原则得罪过他。对于这种人一方面要团结他，一方面要旗帜鲜明地指出他的问题，给予严肃的批评与教育，切不可拿原则做交易，求得一时的安宁和和气。总之，管理者要冷静地分析反对者反对自己的原因，做到有的放矢，对症下药。

（3）不计前嫌，处事公道。

这是一个正直、成熟的管理者的基本素质，也是取得下属拥护和爱戴的重要一条。反对者最担心也是最痛恨的是管理者挟嫌报复、处事不公。管理者必须懂得和了解反对者这一心理，对拥护和反对自己的人要一视同仁，切不可因亲而赏，因疏而罚，搞那套"顺我者昌，逆我者亡"的封建官场作风。只有这样，反对者才能消除积虑和成见，与你走到一条道上来。

（4）严以律己，宽以待人。

学孔孟之道　悟领导智慧

　　一个群体内部有亲疏之分，领导者与被领导者之间也是如此，无论你承认与否，这是不可否认的一个客观存在。因为在一个单位中总有一部分同事由于思想、性情、志趣与自己接近，容易产生共鸣，获得好感、赢得信任，这种亲近关系常会无意中流露出来。而那些经常反对自己的人，在一般人看来是不讨领导喜欢的，无疑与领导的关系是"疏"的。一个领导者与被领导者之间的"亲疏"，是下属最为敏感的问题。如果一个管理者对亲近自己的恩爱有加、袒护包容，而对疏远者冷落淡漠，苛刻刁难，那么团体内部必然产生分裂，滋生派性。正确的方法应该是亲者从严，疏者从宽。也就是说对亲近者要求从严，而对疏远者则要宽容一点。这样可以使反对自己的人达到心理平衡，迅速消除彼此间的隔阂和对立情绪。

远见卓识让人总是领先一步

　　子曰："人无远虑，必有近忧。"

（《论语·卫灵公第十五》）

第四章　祸起萧墙：忧患意识不可少

> **译文**　孔子说："一个人没有长远的考虑，必定会遭受眼前的忧患。"

远虑是长远的战略目标，近忧为随时出现的问题：无前者的深思远虑，就必然会有后者随时随处发生的忧患。古语说：凡事预则立，不预则废，应该高瞻远瞩，见其远；不要短视浅见，只把眼睛看在鼻尖上，见其近。

在近代中国，摆在国人面前的一个亟待解决的新问题是如何加强海防以抵御外国资本主义的侵略。林则徐在第一次鸦片战争前仿造外国船舰的主张和活动，显露出了中国海防近代化的新迹象。

1863年，左宗棠正式上书总理衙门，提出要仿制外国轮船，以求"为海疆长久之计"。后来左宗棠把自己的这一主张和如何富国强兵联系在一起，从而进一步深化了"师夷长技"的思想，使洋务运动具有了更深刻的时代和历史意义。

1865年，左宗棠上书总理衙门，再一次陈述自己的观点。

他说："至中国自强之策，除修明政事，精练兵勇外，必应仿造轮船，以夺彼族之所恃，此项人断不可不罗致，此项钱断不可不打算，亦当及时竭力筹维。转瞬换约，届期须预为绸缪也。"

就清政府方面的情形而言，清朝统治集团面对着"内忧"与"外患"的困厄，同样把购买和仿制外国船炮视为对内镇压和对外抵御

学孔孟之道　悟领导智慧

列强侵略的工具。咸丰十年，西方列强鉴于通过发动侵华战争攫取到了新的权益，向清政府表示了"中外合好"的姿态，并建议清政府"借师助剿"，以便共同镇压太平天国。曾国藩、左宗棠抓住了清政府与列强关系暂时缓和这一机遇，开始了仿造轮船的活动。同治四年十二月（1866年2月），左宗棠镇压了太平军余部后，集中精力把加强海防，以御外侮，设厂造船的问题置于主导地位。同治五年二月二十八日（1866年4月3日），左宗棠行抵福州。此刻，他作为总督闽浙的封疆大吏，深为身莅林则徐的故乡任职而备感自豪。

　　他决心将林则徐仿造轮船的未竟之业继承下来，并发扬光大。经两个多月的深思熟虑，于五月十三日（6月25日）正式向清廷提出了创办福州船政局的奏请。

　　左宗棠认为，中国东南部的安宁，在于海防是否安全，而自海上用兵以来，西方列强的火轮兵船横行于中国沿海，无法抵挡。

　　左宗棠觉察到了世界许多国家争先恐后的军备竞争情况，深刻指出："西欧国家以及俄罗斯、美利坚，多年来很讲求轮船的性能优劣，相互借鉴学习，制造方法日趋精湛，东洋日本开始是买轮船，拆开研究后想仿造未能成功，近来又派人去英吉利学语言，研究这些轮船数据，为仿造打基础，不多年以后，日本必然也能造船，而独独只有中国因年年军事繁忙，没顾上研究，这样双方隔海相望，它有能力来要挟我们，而我们却没有，就像是渡河，人家划船而我们撑筏,等于人家骑马而我们赶驴,这样能行吗?"

左宗棠能认识到世界大势的这一变化,诚为难得。这时,中日两国的造船计划都处在起步阶段,左宗棠设厂造船的主张及活动,使中国的海防暂时还没有落伍于日本。很明显,抵御列强对中国沿海的进一步染指,达到未雨绸缪之目的,是左宗棠创办福州船政局的思想动因。

清廷对左宗棠设厂造船的奏议表示赞许,在"上谕"中称:"中国自强之道,全在振奋精神破除耳目近习,讲求利用实际。该督见拟于闽省择地设厂、购买机器、募雇洋匠、试造火轮船只,实系当今应办急务。"意思是中国自强的道路,在于振奋精神破除陈规,讲究实际运用,令你按计划在福建选择场地建厂,买机器,雇外国技师,试造轮船,实为当前要办的急事。于是,福州船政局得以创办,它成为近代海防的产物。

左宗棠的远见卓识,计划周密,使他成为清政府建设海防的重要人物,无论在当时还是在当今的中国社会,都是值得推崇的一位民族优秀人物。

用战略眼光经营未来

下属通常希望领导人能"向前看",拥有"长远的眼光或方向"。不过,虽然有长远的眼光是必要的,但是很少领导

学孔孟之道　悟领导智慧

者会将精力花在建构未来上，这正是许多领导者失败的重要原因。

领导人应该有为自己设定目标、开发预见未来三五年甚至更长一些时间的能力。此外，领导人还必须为经营未来及时提早地采取行动。

怎样才能具有远见卓识，培养自己预见未来的能力呢？下面这些提示你不妨一试：

（1）直觉未来。

直觉是远景的不绝源泉。事实上，就定义来看，直觉和远景有直接的关联。而正如远景一样，直觉是一个"看"的字眼（直觉的拉丁字源是去看）：也就是我们有能力去描绘图像及想象。成功的领导人，通常会说他们的直觉一直都在主导着重要的决策。

（2）大胆计划。

具有远见卓识、能预见未来的领导常采用大胆计划，作为推动进步的有力方法。任何一个健康的组织都有目标。

（3）视经验为最佳良师。

的确，在现实生活中，我们往往是先去看过去的事，然后才去建构未来的。同时，随着回忆过去的经验，我们也丰富了未来，让未来更详细。

"回顾从前"可以强化我们向前看的能力。领导人应该尽

第四章　祸起萧墙：忧患意识不可少

其所能，好好利用丰富的经验。他们的经验越丰富，他们的承受力也就越大，从而，经营未来的时间长度也就会越长。

未来的变化是不可避免的。这对领导者们而言，必须要有洞察未来的睿智，要有长远目光，着眼于长远利益，而不是只顾眼前、步人后尘的。他们所想的是创造自己的前途，和预测未来可能的发展方向，而毫不犹豫地开始在新的征途上披荆斩棘。这样的领导经常鼓励他的下属对传统思想进行挑战，尽可能地改变本组织，以取得持续不断的创新和进步。这些领导考虑的不仅仅是生存，他们更多规划如何发展，并以未来为导向领导潮流。它们是规则的制订者，其他组织则是跟从者。

显然，多思考未来，并以长远利益为出发点，才能看清方向，把握机会。而要做到这一点，领导者们就要不断经营未来，练就战略眼光，善于高瞻远瞩，审时度势，从而"运筹帷幄之中，决定未来之上"。许多成功的领导者正是由于习惯以未来为导向，才在经营中如有神助，屡创奇迹。

以未来为导向的领导人，才能着眼长远，树立品牌。事实证明，如果一个领导者目光短浅，急功近利，那么他往往自觉不自觉地会"捞一把"，这样就必然缺少应有的信用意识和品牌观念，他所领导的组织也就不可能获得长远发展。着眼未来的企业家，他们的着眼点不是一时一地的得失，而在于组织的

学孔孟之道　悟领导智慧

长远发展，因而往往把诚信作为经商之本。

的确，面对不断变化的境况，必须经常地去思考未来、经营未来，以未来为导向把焦点对准。只有如此，你才能成为未来竞争的大赢家。

第五章

志不可夺：卓越领导者的特质

做事先要立志，这是任何成功者的不二法门。这里的志不是简单的理想和志向，还包括一个人的信仰、毅力和节操，于逆境中不丧失人格，在强权面前坚守真理，在激烈的明争暗斗中保持节操，这是君子行为，也是领导者必不可少的个人修为。一个丧失骨气、没有原则、缺乏主见的领导者是不能够让下属们钦佩的，而独立、完整高尚的人格，则可显现出领导者的不寻常之处，从而影响部属，增强个人的领导魅力。

学孔孟之道　悟领导智慧

信念是使人坚强的精神动力

子曰:"三军可夺帅也,匹夫不可夺志也。"

(《论语·子罕第九》)

> **译文**　孔子说:"一支强大军队的统帅可以被劫夺,一个普通男子的志向却不可被强迫放弃。"

就历史大势而言,所谓"匹夫之志"叫"民心","民心"是无数个匹夫之志的总和,就个人而言,"匹夫之志"即指"威武不能屈"、"视死如归"的精神,历经九死一生而矢志不改,面对各种刑具而毫无惧色,这种匹夫之志是任何武力和权力都不可夺的,也只有具备了这种志向,才可成就大业。

第五章　志不可夺：卓越领导者的特质

明末苏州民众斗阉党展现的就是一种可贵的匹夫之志。

明末东林党人同阉党的斗争十分激烈，东林党人多是江浙一代人，江浙也就成为受阉党迫害的重灾区。天启六年（1626年）三月，魏忠贤派出了缇骑（逮捕人的差役）到苏州逮捕周顺昌，终于激起了一场民变。

周顺昌，苏州人，进士出身。他做官是清正廉洁、刚正不阿，对魏忠贤这样误国误民的败类，一直进行着坚决的斗争，为阉党所憎恨，他感到自己难以在朝廷立足，便告假归乡。

周顺昌在家乡有着很好的名声，他关心百姓疾苦，经常做一些力所能及的事情帮助群众解决冤情冤案，深为家乡父老所拥戴。当逮捕他的缇骑来到苏州时，当地的老百姓纷纷拥上街头，争抢着为他喊冤。

当宣读逮捕令的那一天，在官署大门外，有好几万人为周顺昌请命；气氛格外紧张，杀气腾腾。这时，一个市民情绪激动地抓住一名手握刑具的缇骑想要与之理论，其他缇骑舞动刑具朝这人狠狠地打了过来，于是又有四人上去，与缇骑打作一团。一名缇骑厉声骂道："东厂逮人，你们这些市民想怎么样？"同时大声喝问："周顺昌呢，他在哪里？"说着将手中的镣铐掷在地上，发出铛锒锒的声响。这无异火上浇油，群众义愤填膺，大声骂道："我们原以为是皇上的命令，原来是东厂假传圣旨！"一齐围了上去，将手里拿的东西全都砸了过去。这种惊天动地的场面，将缇骑吓傻了眼，直朝官员毛

学孔孟之道　　悟领导智慧

　　一鹭身后躲去，毛一鹭自己也不知如何是好，逃到后堂，在一茅房里藏身。百姓追到后堂，一个藏在房梁上的缇骑吓得掉了下来，当场摔死，其他缇骑或伤或逃。这时率先出来的五个人商量道："既然已经到了这一步，只有拼死为国除害。"其中一人说道："这样不好，我们是死是活都无所谓，可江南君子贤人很多，如果阉党以此为借口而陷害他们，这可是我们连累了他们。"

　　后来很快得到消息的魏忠贤下令捉拿凶犯。那为首的五人为了不让更多人受到牵连，到官府自首说："这件事从头到尾都是因我们而起，你们不要波及无辜。"毛一鹭之流也看到众怒难犯，没有别的办法，将这五个人处死，草草了事。

　　当他们临刑时，向着毛一鹭之流高声大笑道："你们要置周大人于死地，官职虽大却是小人；我们为周大人而死，虽是百姓小民，却是大人。"

　　"官大人小"，"百姓小人大"，这几位普通市民的话，振聋发聩，它揭示出了一个真理，即社会的公理、正义这种"道"，并不全是在官场，而更多是在民众之中。那些身着华丽之服、口诵圣贤之言的高官显贵们，许多人实际上是在残害"道"，扼杀"道"；而那些可能大字不识的平民百姓，才是"道"的真正执行者，捍卫者。

　　苏州民众的抗争并未能解救周顺昌，他被押送京师后，在东厂的监狱里受尽酷刑拷打，始终未曾屈服，一直不绝口地大骂魏忠贤，最后被暗害在狱中。

第五章　志不可夺：卓越领导者的特质

不到一年，崇祯皇帝上台，以魏忠贤为首的阉党顷刻土崩瓦解。苏州民众重新安葬了这五位义士，并为五人树碑立传。

信念产生力量

数千年来，人类一直认为要想在四分钟内跑完一英里是不可能的事。但在1954年，罗杰·班纳斯就打破了这个信念障碍。他之所以能创造这个佳绩，一得益于体能上的苦练，二归功于精神上的突破。有了这样的信念，人就能发挥无比的创造力。

信念对一个人来说十分重要，可能你相貌一般，但每天抬头挺胸，对人笑脸相迎，你便有了他人所没有的爽朗和神采飞扬的美。"只有你自己先把自己打败，别人才能打败你。"许多人经常处于惶惶不可终日之中，他们天天不是担心工作没了，便是担心投入股票中的钱亏本；不是担心家庭感情不和，便是担心自己得病了。成功的人应该对自己拥有的一切都充满信心，然后持之以恒地对自己改进，只要每天都能有小小的进步，长久积累下来便有惊人的成就。

快乐的人生也是如此，应当不断改进自己的品质，不断成长、不断拓展自己的信念。你对自己有信心，这个世界也就对你有信心。

学孔孟之道　悟领导智慧

用积极的心态应对难题

不为也，非不能也。

(《孟子·梁惠王上》)

译文　是没有去做，不是不能够做到。

应对成功之路上的难题，是需要智慧和胆量的。困难是任何人想求大胜的障碍，也是不可避免的，所以需要自我挑战。操纵胜局需要的是勇气和毅力，需要在逆境中迎接挑战，才能显出领导者的卓越风采。

三国时期，诸葛亮北伐遇到了重重障碍。首先是国力有限，限制了蜀军员额。黄初二年（公元221）蜀国户口20万，如果达到魏军的规模，例如建立40万军队，每户需征兵2人。这是不可能的，因为各家如果没有劳动力从事生产，国家、百姓和军队都将无法生存。蜀国以有限的人口既要出兵保持北伐军的数量，又要留有劳力生产粮食，供应蜀军作战，深感压力巨大。蜀军数量注定处于劣势，即使保持十几万，兵源、军粮也都捉襟见肘。

其次是地形和运输上难处很大。地形上的难处，造成边界利守不利于进攻。蜀、魏边界分为东西两段。东段边界南为蜀国汉中，北为魏国关中，中间隔着秦岭谷道。秦岭谷道通常南北宽470至

660里，渺无人烟，极其难行。边界西段是汉中、梓潼同魏国武都、阴平的边界，也是山地和高原地形。越过边界，必须穿越漫长而艰险的山路，这成了北伐后勤保障的巨大障碍。蜀军北伐的后勤保障任务艰巨，军粮立足于从国内运输。由于边界山地道路漫长、艰险，供应几万、十几万人的军粮，大约要动员与军队同样数量的民夫，肩背车运，翻山越岭，穿过秦岭谷道，运抵魏境。民夫运输中自身食用耗费巨大，军粮运到前线大打折扣。如此高的人力动员率和军粮损耗率，是难以承受的。

显然，蜀军北伐是以小国之军攻大国之军于易守之地。诸葛亮企图克服上述重重困难，把蜀军打造为小而强的军队，去争取胜利。他展开全面的战争准备，以便增强国力军力，适应战争的需要。

政治上，他确立大权独揽的体制，恢复联吴抗魏的国策，协调统治集团内刘备北方故旧人士、荆州人士和益州人士之间的关系，厉行法治。经过努力，蜀国科教严明，赏罚必信，无恶不惩，无善不显，至于吏不容奸，人怀自励，道不拾遗，强不侵弱，风化肃然。政治之清明，治理之井然，在三国中首屈一指。

经济上，他实行先农后战的政策，对自耕农先"存恤"，后役使；重视水利灌溉工程。把最重要的水利工程都安堰（今都江堰）看做"农本，国之所资"，北伐时，"征丁千二百人主护之"。加强盐铁业管理，采用新能源天然气煮盐提高出盐率，大力发展丝织业，促进商业。

军事上，他平定南中叛乱，化腐朽为神奇，把一个不安定的南中变为出兵出物资的大后方。他任命张裔为司金中郎将，主持兵器打造，装备修缮。同时，抓紧军队治理，加强蜀军纪律性，大力抓紧讲习武事，提高蜀军技术、战术水平。

建兴五年（公元227），诸葛亮决心实施北伐。首先，要进驻汉中。汉中离成都远，距敌人近，以该地为前进基地，有利于就近做战前准备。诸葛亮到汉中后，距成都一千数百里，日常事务无法遥制，蜀国必然形成两个权力中心。为了协调二者，诸葛亮召集会议，讨论部署，安排人事。一切就绪，向后主告别。

诸葛亮北伐期间，三国进入鼎立初期。魏、吴都转入战略防御。魏国决定先求文治，后求武功，在相当长的时间内偃武修文，休养人民，恢复生产，增长国力，招怀远方，对吴、蜀予以忍耐，仅采取守势战略；等到国力增强，具备了条件时，再议统一。东吴主张发挥独有的江防和水军优势，并依靠同蜀国的联盟，依托长江，实行重点守备，将魏军阻止于长江以北。唯有蜀国取攻势战略。这体现了诸葛亮培养起来的独特作风，永不服输，处境越是不利，越是敢于在逆境中迎接挑战。

培养积极心态

在这一世上，唯一最重要的只有一个人——你自己，在你的身上，时时都随身携带着一个看不见的法宝，这个法宝的一

第五章　志不可夺：卓越领导者的特质

边装饰着四个字——积极心态，另一边也装饰着四个字——消极心态。

这一看不见的法宝会产生两种惊人的力量：它既能让你获得成功、名利，也能让这些东西远离于你，或剥夺一切使你的生活富有意义的东西。在这两种力量中，前者——积极心态——可以使你达到人生的顶峰，并且逗留于此，尽享人生的快乐与美好；后者——消极心态——则可使你在整个一生中都处于一种底层的地位，困苦与不幸一直缠身。还有一种情况，当某些人已经到达顶峰的时候，也许会让后者将他们从顶峰拖滑而下，跌入低谷。

因此，对一个人的生活和事业的成功来说，心态真可谓太重要了。

既然如此，那么你是选择积极的还是消极的态度？如果你不选择前者，并且紧紧地抓住它的话，后者就会自动送上门来，二者之间没有任何折中和妥协。那么，你必须在两者中选择其一。

如果你对积极心态的力量持一种否定与排斥的想法，那说明一点，你并不完全真正了解积极心态力量的本质。一个积极心态的人并不否认消极因素的存在，他只是不让自己沉溺其中。积极心态要求你在生活中的一时一事中学会积极地思想，积极思想是一种思维模式，它使我们在面临恶劣的情形时仍能

学孔孟之道　悟领导智慧

寻求最好的、最有利的结果。换句话说，在追求某种目标时，即使举步维艰，仍有所指望。事实也证明，当你往好的一面看时，你便有可能获得成功。

态度可能是决定你取得成功的能力大小的最重要因素之一。自己犯嘀咕，觉得自己能力不大，成功没有希望，就不但会失去开发自己能力的欲望，而且会抵消你的精力，降低应付环境的本领，从而失去成功的机会。

为什么积极的心态会产生如此大的力量呢？其实，积极的心态并不具有一种神奇的魔力，可以无中生有，而是一切都有迹可循，最终还得靠我们自己。

要想改变自己的命运，就必须及时调整自己的心态，改变自己的思考和行为方式。

积极心态既然有这么大的"魔力"，那么如何才能培养自己的积极心态呢？下面的方法我们不妨借鉴，因为它们都是一些成功人士在他们的生活和事业中所亲历过的。

1. 切断和你过去失败经验的所有关系，消除你脑海中的那些与积极心态背道而驰的所有不良因素。

2. 找出你一生中最希望得到的东西，并立即着手去得到它，借着帮助他人得到同样好处的方法，去追寻你的目标。

3. 确定你需要资源之后，便制订如何得到这些资源的计划，然而所订的计划不要太过度，也不要不足，别认为自己要求得太少，记住，贪婪是使野心家失败的最主要因素。

4.使你自己了解一点，打倒你的不是挫折，而是你面对挫折时所抱持的心态，训练自己在每一次不如意的处境中都能发现与挫折等值的积极一面。

历经磨炼，方能举大事

天将降大任于是人也，必先苦其心志，劳其筋骨，饿其体肤，空乏其身，行拂乱其所为，所以动心忍性，增益其所不能。

（《孟子·告子下》）

译文 所以天将要把重大的责任落实到那个人，一定要先苦痛他的心性志向，操劳他的筋骨，饥饿他的肌体，穷困他的身子，使他的行为不能称心如意，用这些来动撼他的心意，坚忍他的性情，增加他所欠缺的能力。

学孔孟之道　　悟领导智慧

　　成大事需要忍受困境的折磨，换句话说，必须要有忍受人生遭遇的胆量，才能挺过难关，图谋大事，想想越王勾践为了报亡国之耻，被囚禁吴国整整三年。这三年中，他受尽了屈辱折磨，尝尽了亡国的辛酸，所以动心忍性，最终报了自己的亡国之仇。苦难对领导者来说有时是一笔不可多得的财富，经历了苦难的折磨才会更加意志坚定，为以后图大事奠定基础。

　　张良，字子房。父亲去世的时候，张良年纪尚小，还不到做官的年龄，等到张良大了之后，韩国已经灭亡，因此张良在韩国并没有担任过官职，虽然如此，张良依旧立下誓言，立志为韩国复仇。张家世代为相，是个很有权势的世家，据史书载：在张良成人时，家童仍有三百人。但张良生活非常俭朴，弟弟不幸夭亡，张良为弟弟操办丧事时却不愿有丝毫的浪费，省下钱财的目的就是为了寻访刺客刺杀秦始皇。后来，他花重金求得一位大力士，在秦王出巡时，大力士用飞椎击碎了一辆龙车，可惜车上坐的不是秦始皇本人。

　　刺杀行动失败之后，张良隐藏在下邳，读兵书、交朋友，苦苦等待时机。张良及其朋友们本身的文化素质较高，军事斗争经验丰富，好多都是出身将门，有的则是出身政治世家。在古今社会中，无论政治斗争也罢，军事斗争也罢，说到底，最根本的是人才的竞争。只有同这些敢于斗争、善于斗争的军事、政治方面的人才结合起来，起义军的斗争胜利才能得以保证。

　　这为他以后辅佐刘邦成就大业奠定了基础。张良在下邳居住的时候，经常到民间去体察世情，看一下老百姓的生活状况。这天，张良无事可做，信步走到一座小桥上观风景，没有注意到有一满头白发、身穿粗布衣服的老者慢慢走上桥来，当他经过张良身边时，有意无意之间把鞋掉在桥下。

然后，老者很不客气地对张良说"小伙子，下去给我把鞋捡上来！"

张良很快把鞋取了回来，要递给老者，老者不接，却坐了下来把脚抬起来，对张良说："给我穿上！"

张良竟然恭恭敬敬蹲下身子，把鞋给老者穿上。老者看张良这么谦恭，很满意，穿上鞋以后，对张良笑了一下，一个字都没说，起身走了。

由于老者的行为太反常了，张良开始觉得老者有什么地方与众不同，但又不能确定，就远远地在老者身后随行。走了一段路之后，老者转回身来，对张良说："孺子可教也，我老人家有心栽培你，五天以后，天明的时候，你来这里等我。"

过了五天，天刚刚亮，张良依照约定出现在桥头上，没想到，老者已经在那里等他了。老者非常生气地对他说："与长辈相约，你却来这么晚，太没礼貌了！五天后你再来吧。"过了五天，鸡叫头遍，张良就急忙出门，赶到桥头，老者却比上一次到的时间还早，一见张良，他就生气地质问："你又来晚了，回去吧，再过五天再来！"张良暗自惭愧，什么话也说不出，恭恭敬敬地答应了。又过了五天，

学孔孟之道　　悟领导智慧

　　张良根本不敢入睡，在深更半夜就来到桥头等候老者。过了好大一会儿，老者姗姗而来，看见张良已到，就高兴地说："跟老者约会，这样子就对了。"老者说完之后，拿出一本书对张良说："你要努力学习这本书，如果能够掌握它，你会成为王者之师，十年必有大成，可以佐王兴国。"说完转身不见了踪影。

　　天亮后，张良仔细翻看这本书，发现竟然是《太公兵法》，这是周公姜子牙辅佐周武王时的兵书，他觉得这是上天在点化他，赶快跪下，拜谢苍天。从此后，他就日夜研读，不敢丝毫懈怠，直到烂熟于心，此后，张良遇到刘邦，运筹帷幄，帮助刘邦建立了西汉王朝。

　　纵观张良一生，生活颇为坎坷，一个世代为相的富家子弟能够放弃荣华富贵甘于隐居乡下，以图大业，所以凡是有胆量敢于磨炼自己的人，一定是能够正确认识自己，挑战自己的人，由此我们也可以得出另外一个结论：如果一个人不吃苦，不磨炼自己的胆量、意志和品性，也是无法拯救自己的。

有志者在磨难中奋起

　　顺利的境遇、优越的地位、富足的资财、舒适的生活，似乎应该是个人、家庭以至民族发展的有利条件。但历史和现实的经验却一再告诉我们：从来纨绔少伟男。在中国五千年的文明史上，我们看到名门贵族走马灯般地替换，家运三代不衰便成为

第五章 志不可夺：卓越领导者的特质

治家有方的美谈。清朝的八旗子弟是最好的例子，这个马背上的民族曾经多么骁勇彪悍，但成了寄生的统治阶层后仅一百年，八旗子弟就退化了，清朝的灭亡也随之不可避免地来临。

相反，苦难、逆境，甚至生理缺陷反而产生和造就了一些伟大人物，凯撒、亚历山大、罗斯福都是如此。很多心理学家认为，压力是每个人生活中不可缺少的一部分。压力能够刺激生活，压力使我们振作，使我们生存。春秋之际的吴越之争，吴王夫差骄奢淫逸、纵情享乐，终于被卧薪尝胆的勾践击败。

许多西方人士对于顺、逆境的看法与中国古人也是大同小异。艾科卡说："人类中最伟大者和最优秀者，皆孕育于贫困这所学校中。"清末名臣曾国藩严格治家，自身节俭，并对子女不断地磨炼，终使子弟成材，大儿子更是成为中西皆通的名臣。

"自古英雄多磨难"，不论处于什么样的环境下，只有奋发进取、勇于求索才能获得最有价值的人生。因为当一个人对自己目前的环境不满意，唯一的办法，是让自己战胜这个环境，越过这个环境。譬如行路，当你不得不走过一段险阻狭窄的道路时，唯一的办法是打起精神，克服困难，战胜险阻，把这段路走过去。而不是停在中途抱怨，或索性坐在那里打盹，听天由命。

所以，置身逆境中的人们，不但不应该消沉停顿，反而要拿出加倍积极乐观的精神来支配目前的环境，一片更广阔的蓝天在前面等着你。

学孔孟之道　悟领导智慧

做事贵在持之以恒

子曰:"南人有言曰:'人而无恒,不可以作巫医。'善夫!'不恒其德,或承之羞。'"子曰:"不占而已矣。"

(《论语·子路第十三》)

> **译文**　孔子说:"南方的人有句话说:'人如果没有恒心,就不能做巫医。'这句话真说得好呀!《易·恒卦》上也说:'如果不能恒久保持自己的德行,常会有羞辱随在后面。'"孔子说:"《易》上这句话是叫无恒的人不要占卦了。"

在事业的初始阶段,要做到谨慎小心是不难的。可一旦事业有成,能保持这种状态的就不多见了,不能持之以恒地坚持下去,这种现象是普遍的,它反映了人的自制力是脆弱的,对成败的认识也是浅薄的。人都有放纵的欲望,特别在功成名就时,这种欲望就更加强烈。这时若不能控制自己,当初的斗志就会荡然无存,就不会遵循事物本身的规律办事,而变得意志消退,一意孤行了,恒心没有了,这是败亡的先兆。

南北朝时,宋文帝刘义隆的第十一子刘彧性情宽厚,做事稳重,人们都夸他能成大事。刘彧服侍了几个皇帝,都让他们十分满意,

第五章 志不可夺：卓越领导者的特质

宋世祖刘骏对他说："你贵为亲王，但能不骄不躁，待人平和，这在王爷之中十分难能可贵了，你是怎样做到这一点的呢？"

刘彧回答说："我虽为皇亲，但国家需要能人办事，我想自己学问不多，不谦逊就不能学到知识。我是有些自卑，哪里还敢以亲王自重呢？"

刘骏死后，他的儿子刘子业当了皇帝。刘子业粗野残暴，杀了许多大臣。刘彧作为他的叔父，也没有幸免，被囚禁在宫中，遭到极端的虐待和殴打。

刘子业曾亲口对刘彧说："你这个人威望很高，人缘很好，留着你只能威胁我的皇位，你就别想活着出去了。"

刘彧被关在特制的大竹笼里，像猪一样被喂养。刘子业还封他为"猪王"，把他的衣服全部剥光。

刘彧遭此横祸，人性大变，对所有的人都充满了仇恨，他说："我自信没有亏待过别人，怎会有这样的下场呢？看来我从前太愚蠢了，对人没有一点防范之心。"

后来宫廷发生了政变，不得人心的刘子业被杀，刘彧被众人拥戴当上了皇帝。

刘彧继位的第一天，忠于他的大臣就劝他说："刘子业多行不义，都是他自以为当了皇帝就可以胡作非为的结果。现在皇上地位不稳，有许多人还在观望，皇上切不可不吸取教训了。"

刘彧重赏了这位大臣，还在群臣面前表扬他。

刘彧为了稳定局面，安定人心，日夜不停地办理政事。有时一件事他拿不定主意，便把群臣召来，共同商议。这样，天下很快走向了正轨，有了复苏的迹象。

随着形势的好转，刘彧渐渐放松下来，他开始疏远政事，打击政敌。他杀光了刘骏的二十八个儿子，又对违背他旨意的忠直大臣痛下杀手。在他的残暴统治下，刘宋王朝摇摇欲坠，走向衰亡了。

刘彧当亲王时有稳重的优点，只因受了刘子业的虐待而变得暴躁凶残，他这样前后不一，虽有原因，但给刘宋王朝带来了灾难，他还是不可原谅的。

人的改变有很多理由，如果造成了失败的事实，那么就没有一条理由可以成立了。在最困难的情况下也不丢严谨的作风，不舍弃处事的原则，才能迎来胜利之日。

北宋时，唐介在当地方官期间，告诫自己要做官爱民，对百姓的事一定要认真对待。

由于政绩突出，后来被调到朝廷做官。唐介官职升了，慎重的态度一点也没有改变。

当时，朝廷有不少官有土地，出租给农民，征收赋税，作为国家的收入。皇亲国戚见有利可图，于是低价收买官地，甚至用尽了手段，巧取豪夺。

唐介为了国家和农民的利益据理力争，宋仁宗只好采纳了他的建议，明令禁止。

宰相文彦博结党营私，短时间内把他的心腹张尧佐连升数级，身兼多职。唐介弹劾文彦博，惹恼了宋仁宗，于是被贬到岭南，受尽了苦楚。

有人怪他不会变通，唐介说："我问心无愧，朝廷终会起用我的。在事关国家和百姓的大事上，我一向不敢掉以轻心，不能因为怕丢官就不说真话了。"

宋仁宗死后，继位的英宗马上下旨，召他回朝。

唐介严谨办事，保持始终，不因重压而改变自己，朝廷最后还是肯定他的。凭着这一点，他最终做到了副宰相的高位，死后也享尽了殊荣。

做人不能把自己的优点改掉而迎合世俗，这是得不偿失的。在正确的事情上，人们要始终如一地坚持，长久必见成效。

恒心是成功的前提

"人而无恒"，常常对一切工作都抱着三天打鱼两天晒网，一日曝之，十日寒之，干干停停，浅尝辄止的态度。这样的人，纵然立下大志，雄心勃勃，但一旦遇到困难，受到挫折，或者危险时，就畏缩不前，半途而废；有时，即使在经历了百千次实验，接近成功时，也会由于不能以坚强的意志和毅力，没有持之以恒而功亏一篑，前功尽弃！

设想一下：如果诺贝尔为制造炸药，在倾家荡产，又失掉爱妻，而父亲和弟弟更为此丧生的特别艰难困苦情况下，灰心泄气，没有锲而不舍、坚持不懈的精神继续实验下去，那么，造福于人类的TNT能够制造成功吗？

如果居里夫人在和丈夫经历了上万次的提炼失败后，也是心灰意懒地打退堂鼓，特别是当她丈夫遭无妄之灾，惨死在车祸下，际遇如此悲痛的境况下，她就此而撒手，没有锲而不舍、坚持不懈的精神继续实验下去，那么，又何能有"镭"的伟大发现？

古今中外许多为人类作出伟大贡献而名垂史册，永远为人们所怀念、崇敬的科学家、政治家、教育家、文学艺术家……，尽管他们有各自的成功因素，但没有一个是可以离开"恒"而取得成功的。

恒能使愚变明，使柔变强，使懒变勤，它是事业得以成功的一个不可或缺的关键条件，是通向成功彼岸的桥梁。

有想法就要坚持去做

"求则得之，舍则失之。"或相倍蓰而无算者，不能尽

第五章　志不可夺：卓越领导者的特质

其才者也。

(《孟子·告子上》)

> **译文**　"追求，就会得到，放弃，就会失去。"人们之间所以能相差一倍、五倍，甚至无数倍，主要是不能充分发挥天生资质的缘故。

领导者最怕的就是自己没有主见，没有追求，有了自己的想法却又不能付诸实施等等。所以有了自己的想法就要坚持去做，不做就等于放弃，放弃则意味着失败。古时周公被拘禁了，却作《周易》；孔子困厄了，却作《春秋》；屈原被放逐了，乃赋《离骚》；左丘明眼睛瞎了，却写出《国语》；孙膑肢残了，却写出《兵法》；吕不韦被贬谪，却作了《吕氏春秋》。他们在逆境中，能够坚守自己，把苦难当成乳汁，把逆境当成奶娘，因而成就了伟业。因此领导者想要成就伟业必须坚持自己的思想，坚信自己的目标，则会劳有所成。

做人与做事之间的逻辑关系，像难以猜解的谜一样，令人百思不得其解。有种人，总是按照自己的想法去做事，一则出于自信，二则出于目标。秦始皇做人兼具两者，其意是非要让事情有个结果。公元前213年，秦始皇在咸阳宫大摆酒宴，众臣称颂秦始皇统一中国的丰功伟绩。在这次酒宴会上，大臣淳于越却根据儒家学说提出非议，批评始皇嬴政不学习古代的办法分封诸侯王。这时，身为百

学孔孟之道　悟领导智慧

官之长的李斯马上挺身而出，向皇帝谈了不同的看法。

在李斯看来，秦始皇的统一大业，包括废分封、立郡县等，都是古人不及的"万世之功"，对此，淳于越那样的"愚儒"焉能理解？

紧接着李斯又谈了自己对儒生所为和当时尚较自由的学术氛围的看法。他尖锐抨击学术自由的文化氛围，是因为他认定儒生们不思今法而专崇古礼，诋毁当世之制，把老百姓的心都搞乱了，如今天下一统，再允许学术自由，则臣民的思想便会大生歧义，不能与皇帝保持一致，长此以往，皇帝的权威将置于何地呢？因此，李斯向秦王建议，干脆禁止学术自由。怎样禁呢？李斯的办法十分简单，这就是——烧！李斯说："臣请史官非秦记皆烧之。非博士官所职，天下敢有藏《诗》《书》、百家语者，悉诣守、尉杂烧之。有敢偶语《诗》《书》者弃市。以古非今者族。吏见之不举者与同罪。令下三十日不烧，黥为城旦。所不去者，医药卜筮种树之书。若欲有学法令，以吏为师。"

秦始皇正为淳于越的一番迂腐的议论而怨恨，李斯的高论却顿时叫他兴致勃勃，李斯的建议虽然凶狠阴毒，却深合秦始皇的心意。于是，从首都咸阳到全国各地，熊熊烈焰烧掉了当世几乎所有的书籍。

常言说："杀鸡给猴看。"这句话意即将某种群体中的一小部分拿来惩罚，以警戒众人，从而达到稳定整个局势的效果。

焚书事件之后，儒士对秦始皇的攻击更加厉害了，于是秦始皇

第五章 志不可夺：卓越领导者的特质

下令将首都咸阳的儒士全部抓了起来，最后有460名儒士被认定有罪，全部被活埋，并将此事告于天下，以儆效尤。其他的人一概流放到边塞地区，罚做苦力。这就是人们至今难以忘怀的"坑儒"之案。

秦始皇下令焚书坑儒，不完全是因为其性格所至。首先秦始皇崇尚法家思想，厌恶儒家及诸子之言。他认为须靠法家思想来治天下，而儒家及诸子之言只能惑乱天下。因此他必须焚书以巩固其统治。另一方面，诸子百家中只有法家主张以耕战富国强兵，统一天下，手段最简捷、干脆。

秦始皇禁止儒生们读儒经及百家之言，实际上是实行中央集权的一种手段。

秦始皇的焚书坑儒，尽管对维护秦统治卓有成效，却在历史上首次割断了读书人"自由思索"的精神，使读书人一提及政治、学术问题就谈虎色变。秦始皇在一统天下的过程中曾礼贤下士，虚心听取臣子的意见，所以他终于得到了天下，但在统一天下之后，由于他需要坚定不移地推行法家统治的路线，因此，对待与己相左的意见，往往坚守自己。通过秦始皇的做事，我们发现他是一个固守己见的人，一旦他认准的事情，就会坚持下去，当然这里面包含着他对自己目标的自信。但是如果从做人的角度看，大体说明了他的固执和气魄。这也是领导者成大事必不可少的性格要素之一。

胜利在于坚持

坚持，是一种领导者基本的姿态。所谓坚持，就是说在事业遇到困难、受到挫折的时候，能够以坚韧的意志将事业进行到底的一种精神状态。

中国古代大哲人荀子说："骐骥一跃，不能十步，驽马十驾，功在不舍。"这正充分地说明了坚持的重要性。骏马虽然比较强壮，腿力比较强健，然而它只跳一下，最多也不能超过十步，这就是不坚持所造成的后果；相反，一匹劣马虽然不如骏马强壮，然而若它能坚持不懈地拉车走十天，照样也能走得很远，它的成功在于走个不停，也就是坚持不懈。

人之所以要坚持，是由事业的性质决定的。因为任何事业的成功，都要付出艰辛的努力，而成功的到来，总是需要时间的，在这种情况下，坚持就显得极其重要了。有些人成功，就是因为他比别人坚持了一下，另一些人失败，也只是因为他没能坚持到最后。

人们说上帝垂青勤奋，其实上帝垂青坚持。没有坚持，任何成功都会变得可望而不可即。

20个世纪中国政治伟人毛泽东的一句名言值得思考："胜利，有时候就在于再坚持一下。"

第五章　志不可夺：卓越领导者的特质

身处逆境时不怨天，不尤人

子曰："不患人之不己知，患其不能也。"

（《论语·宪问第十四》）

译文　孔子说："不愁别人不理解自己，只愁自己没有才能。"

有些人总是无休无止地埋怨别人不理解、不赏识、不重用自己，认为自己被埋没了，是大材小用，怀才不遇，说什么"千里马常有，伯乐不常有"，"生不逢时"等等，因而牢骚满腹，怪话连篇，怨天尤人。其实呢，从自己方面检查，正说明是自己没有表现出可以被人理解和赏识的才能。也许正是自己本身的平平庸庸、碌碌无为才导致自己的默默无闻。因此要从自身找原因，恨也只能恨自己没有才能，而不埋怨别人不理解自己。

战国中后期，尤其是秦孝公任用商鞅变法后，秦国越来越强大。面对着这种趋势，其他六国不免恐慌起来。对于七雄的战略，人们众说不一：有的主张六国联合起来，共同抵抗强秦；有的主张六国中的任何一国联合秦国，来攻击其他国家。于是，出现了许多能言善辩、靠游说获福禄、进仕途的游士、食客。苏秦就是一个突出的代表。苏秦出身于农民家庭，家里很穷，他读书时，生活非常艰苦，

学孔孟之道　悟领导智慧

饿极了就把自己的长发剪下去卖点钱，还常常帮人抄写书简，这样既可以换饭吃，又在抄书简的同时学到很多知识。这时，苏秦以为自己的学识已差不多了，就外出游说。他想见周天子，当面陈述自己的政见，以及对时势的看法，但没有人为他引荐。他来到西方的秦国，求见秦惠文王，向他献计怎样兼并六国，实现天下的统一。秦惠文王客气地拒绝了他的意见，说："你的意见很好，只是我现在还不能做到啊！"苏秦想，建议不被采纳，能给个一官半职也好嘛！可是他什么也没有得到。他在秦国耐着性子等了一年多，家里带来的盘缠都花光了，皮袄穿破了，生活非常困难，无可奈何，只好长途跋涉回家去。

苏秦回到家里，一副狼狈的样子，一家人很不高兴，都不理他。父母不与他说话，妻子坐在织机上只顾织布，看也不看他。他放下行李，又累又饿，求嫂嫂给他弄点饭吃，嫂嫂不仅不弄，还奚落他一顿。在一家人的责怪下，苏秦非常难过，他想：我就这么没出息吗？出外游说，宣传我的主张，人家为什么不接受呢？那一定是自己没有把书读好，没有把道理讲清楚。他感到很惭愧，但是他没有灰心，他认为：一个人能不能有出息，能不能成就一番事业，关键就看自己能不能把书读好，求得真才实学。认识到这一点以后，他暗暗下决心，要把兵法研习好。

有了决心，行动也跟上来了。白天，他跟兄弟一起劳动，晚上就刻苦学习，直到深夜。夜深人静时，他读着读着就疲倦了，总想睡觉，眼皮粘到一块儿怎么也睁不开。他气极了，骂自己没出息。他找来一把锥子，当困劲上来的时候，就用锥子往大腿上一刺，血流出来了。这样虽然很疼，但这一疼就把瞌睡冲走了。精神振作起来，他又继续读书。

苏秦就这样苦苦地读了一年多，掌握了姜太公的兵法，他还研究了各诸侯国的特点，以及它们之间的利害冲突，他又研究了诸侯的心理，以便在游说他们的时候，自己的意见、主张能被采纳。这时，苏秦觉得已有成功的条件，他再次离家，风尘仆仆地走上了游说之路。

这次苏秦获得了很大的成功。公元前333年，六国诸侯正式订立合纵的盟约，大家一致推苏秦为"纵约长"，把六国的相印都交给他，让他专门管理联盟的事。

受挫自省，不怨天尤人；刺股律己，终成大器。苏秦的这条成才之路，给后人留下了养成良好德行的许多启示。

在困境中逆风飞扬

有的人在一帆风顺的条件下，慷慨陈词，信心百倍。可是一遇到逆境便萎靡不振。须知，战胜自己的自卑和怯弱是对事业最好的祝福。在逆境中应当"手提智慧剑，身披忍辱甲"，抓紧时间完善自己。古今中外，哪一个成大事者不是在挫折和

学孔孟之道　悟领导智慧

不如意中坚忍如一，调动起自己生命深处的激情去创造的呢？李白、杜甫、贝多芬……，每一个名字背后都有一段曲折坎坷的故事，更有数不尽的风流。而与他们同时代的那些王侯将相、豪门显贵，现在有谁会记得他们曾有过多少财产、佩戴过何种美玉、穿过如何华丽的衣衫呢？有谁会记得他们的名字呢？

任何事物都是辩证的，没有绝对的苦难，也没有绝对的称心如意。面对沉沦的现状，心胸更应开阔，目光更要放远。如果被一时一地的局促所限制，那何谈英雄伟业呢？在困境中修养自己，等待时机，一旦天时地利人和俱占，一鸣惊人之后，再回头看当时的失落和不如意，就不值得一提了。

在面对困境时要有独立的判断，保持自己的清醒和坚决，才不致迷失方向。所以，只要我们不退缩、不逃避，尽管追求真理道义的路上风涛险恶，但我们多半都能够化险为夷。

勇敢地面对生活，勇敢地面对苦难，把一切阻碍都看做是我们这一生不能躲避的考验，通过这些考验，我们就可以到达成功的彼岸。

第六章 / chapter 6

敢作敢当：要有做大事的气魄

没有超人胆量的领导者是成不了大事的，如果事事患得患失，优柔寡断，必然使自己的视野变窄、胆量变小，该向前时往后退，该决策时犹豫不决，不但有可能耽误大事，也会丧失自己一鸣惊人的机会。领导者应该具有敢作敢当的气魄，该出手时就出手，这样就更有机会取得成功。

学孔孟之道　悟领导智慧

敢为人先引领大局

孟子曰："待文王而后兴者，凡民也。若夫豪杰之士，虽无文王犹兴。"

（《孟子·尽心上》）

> **译文** 孟子说："等待文王出现才奋发有为的，是普通民众。至于英雄豪杰那样的人，即使没有文王，也能奋发有为。"

有远见卓识的为臣者由于站得高、看得远，始终站在时代前沿，带领大多数人去走一条前人未曾走过的路。作为领导者，能做到不墨守成规、敢为天下先，对于开创一片新局面是十分重要的。

公元前356年，商鞅正式开始变法。为了发展农业生产，新法规定：生产粮食、布帛产量高于一般者，免除劳役和赋税，经营工商业或游手好闲而贫穷的人，则全家罚做官奴。鼓励其他诸侯国的流民到秦国开荒，拨给土地、房宅，三代免除劳役和兵役，只缴纳粮草。为了刺激生产，最大限度发挥劳动力的作用，还规定兄弟成年必须分家，各立门户，否则罚缴双倍赋税。为了提高秦军的战斗力，商鞅否定世卿世禄制度，建立新的军功爵制度。新法规定：凡是没有为国家建立军功的旧贵族，不能列入宗室贵族的属籍，不得继续享受贵族特权，不得无功受禄。商鞅的军功爵制，使"有功者显荣，无功者虽富无所芬华"，人的政治地位、官职要由军功来决定，这对旧贵族无疑是个沉重打击。

秦国在商鞅变法前，井田制已经开始瓦解，公元前408年，秦简公实行"初税禾"，即根据土地面积征收租税。献公即位后，又进行一系列改革。加速了秦国封建化进程。

商鞅为了强国利民，在上述改革的基础上，在秦国进行了比较彻底的封建制的改革。他以法令的形式，彻底废除井田制。具体做法是：把原来井田制下大田和份地间的田界即阡陌封疆统统破除，土地收归国有，国家政府再按一夫百亩的标准将土地授予农民；授定之后，重新设置田界，即阡陌封疆，不许私自移动。商鞅"坏井田"，实行授田制，促使了农民阶级的形成，发展了生产。商鞅变法是一场深刻的社会变革，具有划时代的历史意义，他废井田、开阡陌，推行一家一户的个体经济，从而在经济领域实现了封建制取代

学孔孟之道　悟领导智慧

奴隶制的根本变革，有力地促进了秦国封建经济的长足发展，使秦国很快成为富强的封建国家。为了改革成功，商鞅不顾个人安危，与反对派进行了不懈斗争。

变法之初，仅首都反对变法的人就达数千，太子犯法更是最高层次的最有威胁性的犯罪。太子驷有两个老师，一个叫公子虔，一个叫公孙贾，这两个人也是贵族。由于商鞅的变法自然也触及他们的利益，这两人对此早已耿耿于怀。"小不忍则乱大谋"，便把希望寄托在太子身上，天天在太子面前说商鞅的坏话。特别是说到商鞅大权在握，正在收买民心、图谋不轨时，太子感到自己将来的国君地位受到了威胁。在两位老师的怂恿下，经过深思熟虑，太子把所见所闻归纳了一遍，在秦孝公面前狠狠地告了商鞅一状。于是，太子出面攻击新法，要求秦孝公处置商鞅的举动，顿时在朝廷引起大哗。秦孝公听了十分恼火，把儿子训斥了一顿，然后交给商鞅依法处置。

大良造府，灯火通明。商鞅时而在案几前踱步，时而伏案深思：太子犯法，按法律应当腰斩。可是，太子是储君，是未来的大王。哪有臣下治大王罪的道理。可是，如果这次不处理，将来谁都攻击新法，非但朝廷的威信会一落千丈，新法也有夭折的危险。商鞅明白，这是对能否坚持变法、在人民中树立威信的严峻考验！如果"王子犯法"不能"与民同罪"，那谈何变法？谈何威信？更谈何富国强兵、成就霸业？思来想去，商鞅决定执行法令。但考虑到犯法者身为太子，是国君的继承人，不能负法律责任，所以下令将公子虔处以杖刑，公孙贾黥面，以示天下。这虽然并未做到王子犯法与庶民同罪，但至少打破了奴隶制时代的那种"刑不上大夫"的旧礼制，受到百姓的称赞，使新法在秦国得到普遍推行，人人遵法守纪，甚至"妇人婴儿皆言商君之法"。可见变法之彻底和深入人心。后来，公子虔又一次犯法，商鞅毫不留情地依法割掉了他的鼻子。

改革是革故鼎新，新旧势力之间的反复较量是必不可免的，只有满怀必胜信心和具有献身精神的勇士。才能不畏艰险、不怕牺牲，夺取最后的胜利。

商鞅为使变法成功，采取高压手段对待反对变法之人。但他排斥异己是为公而不是为私，是为了变法大业而非为了个人谋利。宁毁自己一人而成就秦国之强盛，从这一点上来看，商鞅是一个"身无二虑，尽公不顾私"，为了事业而能奉献一切的卓越领导。

执着于高尚的追求

也正因为商鞅从政为官站在了追求的高度，在以后的改革过程中他排除一切阻力，将改革进行得非常彻底和有效，他自己也一路高升。

俗话说，站得高才能望得远。从远大目标高瞻远瞩地往下看，眼前的困难变得微不足道；以同样的观点，你会发现很容易定下更高的目标，也对自己提高要求，更经得起挫败。你了解到今天的锻炼对你的成功是多么必要，你就会泰然处之，它们是来日成大器的垫脚石。

一个人的追求是高尚还是平庸，这对他的职业生涯甚至一生来说有着至关重要的影响。如果一个人的追求是高尚的，那么，从他高尚追求变为现实的过程中，就必然会创造出一个个辉煌的业绩了，而把这些辉煌的业绩聚集在一起，便可以使人生放出灿烂的光辉。比较一下高尚的追求与平庸的追求对人生的影响，所能提出的结论是非常清楚的：为官一场，要想避免灰暗的人生而实现从追随者到领导者的超越，就必须执着于高尚的追求，至于那些平庸的追求，还是将它抛到九霄云外去为好。

做人要有一点骨气

夫人必自侮，然后人侮之；家必自毁，而后人毁之；国必自伐，而后人伐之。

（《孟子·离娄上》）

第六章 敢作敢当：要有做大事的气魄

> **译文** 所以，人必先有了自取侮辱的行为，然后人们才会去侮辱他；家必先有了门毁的因素，然后外人才会去毁坏他；国必先有自取讨伐的原因，然后其他国家的人才去讨伐它。

家与国必定是先自身衰落，然后别人才会攻击，如果自身强盛想必即使有外患也是不足为虑的。做人同样如此，人必自侮，然后人侮之，作为领导者，怎么也得有点骨气，如果太自轻自贱了，连自己的领导也是看不起的，所以，人必自重，人才重之，只有自己的骨气硬，别人才会看重你。

汉武帝在历史上被称为雄才大略，但是在他统治期间也有许多过失。大凡建立了点功业的最高掌权者，总容易产生骄傲情绪，以为自己是前无古人，后无来者，普天下的臣民，在他的眼中，如奴如仆，他趾高气扬，甚至草菅人命。汉武帝向来以严酷著称，他对大臣的任用完全以自己的好恶作为标准，臣下对他稍有不如意的地方就有被杀头的危险。即便是他所器重的大臣，也从来不放在眼里。大将军卫青，在对匈奴作战中，功不可没，最为汉武帝所器重，满朝公卿，没有比他的功劳再高的人了。可就是对这样一位朝廷重臣，他依然缺少一点起码的礼敬。有一次当卫青向他上奏时，他竟然蹲在厕所里相见。面对汉武帝的淫威，当时有个大臣曾当面怒气冲冲地指责他说："皇上求贤的力度很大，可是对他们随意杀戮，总

学孔孟之道　　悟领导智慧

有一天，贤人们都被你给杀净了？"汉武帝满不在乎地笑着说："不怕没有人才？就怕没人能发现人才。以我求贤力度之大，还怕会没人才！"那个大臣还是很气愤地进行劝说："皇上您说的对，但臣总以为这样会寒了天下贤士的心啊！希望陛下从今以后加以改正，不要认为愚臣的说法没有道理。"这位不计个人生死利害，敢于向皇上劝说的人是谁呢？他叫汲黯。此人刚正不阿，总是在事实面前据理力争。对于当时功高位重的大将军卫青，别人见了全都跪拜，只有汲黯，只是作揖而已。有人劝他说："皇上故意让所有人都对大将军甘拜下风，大将军功高盖世，足下不可以不拜。"汲黯说："我不拜见大将军，难道大将军就不贵重了吗？"卫青其人，倒是十分谦逊，他听了以后，反而敬重汲黯，两人成为朋友。

有一次，汉武帝又要招贤纳士了，在民间大肆宣传自己十分重视人才。汲黯驳斥道："陛下私下里用刑严酷，表面上却雍容大度，这是王者之风吗？"当时将汉武帝说得下不来台，满面怒色，拂袖而去。在场的公卿大臣个个为汲黯捏了把汗，纷纷指责他，他却说："身为臣子如果只是为了独善其身，而不指出皇帝的过失，那么，国家受到损失怎么办呢？"汉武帝回到后宫后，想想汲黯说的也有道理，就自己给自己找了个台阶，说："汲黯这个人，真是太死心眼！"

由于汲黯的严谨，连不可一世的汉武帝对他也不得不敬畏三分，上面说过，他接见卫青有时在厕所，接见丞相公孙弘有时也衣冠不整，随随便便，唯有对汲黯，不是衣冠楚楚，从来不敢见面。汲黯用自己的骨气为自己赢得了尊重。

汉武帝虽然以严谨著称，可他还颇有点容人的气度，对一再顶撞他的汲黯，虽然也曾降过他的职，贬过他的官，可后来还是起用，而且是重用。而汲黯，更应该是做臣下的榜样。

不要唯唯诺诺

唯唯诺诺，是退缩、软弱、依赖、懈怠的象征。唯唯诺诺，会使你的才干被埋没，会使领导对你的才干产生怀疑，会使你难以创造出令领导满意的工作实绩。

什么是唯唯诺诺？它是下属没有自信、没有魄力、缺乏勇气的一种表现，是一种软弱的被领导者的心理缺陷。唯唯诺诺者多遵守纪律，乐于服从，但在许多情况下，这种服从对领导者来说是一种无用的服从。因为这种人给人的感觉便是，难当大任，不可能创造性地开展工作，独当一面地成为领导的"台柱子"。

唯唯诺诺，会使你创造不出领导满意的工作实绩。唯唯诺诺者有一个特征，就是比较依赖，不能够脱离开领导的直接指挥和明确指示而独立开展工作，工作中也是谨小慎微，胆小怕事，不敢有所创新，不敢越雷池半步。试想，领导之所以把一部分工作交给下级去做，是因他觉得自己的下属能很好地完成

学孔孟之道　悟领导智慧

它，如果你仍旧需要事事得到上级的确切命令才行事，就等于把他分配给你的工作又踢了回去，他一定不会高兴的。而且，事实上，要做好任何一件事，都离不开人的勇气和胆识，许多工作还需要人的创造性，没有或缺乏这方面的素质，就难以出色地完成工作任务。而一个没有工作实绩，在领导眼中是无能之辈的下属，想获得领导的欣赏和重用，这种可能性实在是很小。

所以，下属要想获得领导的重视和尊重，使自己成为一个对领导有用甚至是无法离开的人，就要尽量避免唯唯诺诺这种软弱的表现。

不轻易放弃自己的主张

孟子曰："……如枉道而从彼，何也。"

《孟子·滕文公下》

译文 "如果我们不坚持自己的主张而追随别人，那算什么人呢？"

第六章 敢作敢当：要有做大事的气魄

人还是有些做人的原则好，如果上不着天，下不着地，随波逐流有什么意思呢？缺乏主见往往会见对自己有利，一马当先，对自己无益，则漠不关心，对自己无利无害则静观其变，三缄其口，看问题不说是，亦不云非，这种人如墙头草随风倒，难成大事，聪明的领导者应当有思想，有见解，有主张，不受外界的干扰，坚持原则，引领众人向正确方向前进。

公元前 524 年，宋、卫、陈、郑等国相继发生了特大火灾。鲁国的裨灶是懂天文的，他事先就警告过子产，要他用宝物来祈求免灾，于是郑国人都请求照裨灶的建议行事，但是子产坚决不听。后来宋、卫、陈、郑果然发生大火灾，而且依裨灶的说法郑国还要发生火灾，子产没有听从裨灶的话。子产的大叔很不理解，他忧虑重重地说："宝物是保护人民的东西，如今裨灶既然有消灾的良策，您为什么要爱惜宝物呢？"子产说："天上的事离人间很远，而人间的事却在眼前，人类的智慧无法知道上天的事，又怎能预知将会发生火灾呢？裨灶也不过是一个凡夫俗子，他又怎么懂得天上的事呢？可见他只是一派胡言，即使言中也只是巧合而已。"依子产的意思，天道是自然的规律，人类难以掌握，所以他不同意裨灶的话，至于祈求消灾更是迷信的行为。子产没有听从裨灶的话，而是在防火方面做了充分的准备，郑国也没有发生第二次大火。子产认为"天道"与"人道"是没有关系的，强调要尽力于人事方面，这与孔子"敬鬼神而远之"的观点基本是一致的。仅以此观之，孔子的观念形成

学孔孟之道　　悟领导智慧

显然还在子产之后，这不能不令后人佩服子产的先进思想、过人的胆识和勇气。

有一次郑国发生大水灾，据说都城外的深渊里有两条龙正在那里争斗，于是人们就请求作法祭拜，可是子产却坚决反对，他说："当我郑国作战时，龙对我们漠不关心；现在龙在深渊里争斗，我们又为什么要祈祷把龙赶走呢？深渊本来就是龙该住的地方。我们人对龙无所求，而龙对人也会无所求。"由此看来，子产是不相信有龙存在的，他认为消除水灾是人的事，人和"龙"互不相干，随它去。

当然，领导者的坚持与固执又是两码事。

子产反对迷信鬼神，但在政治需要的情况下，他又会承认鬼神的存在。公元前535年，郑国发生一次闹鬼事件，大家都互相用伯有来吓人说："伯有来了！"人们一听这话就都吓得乱跑，也不知跑到哪里才好。而且有人说梦见伯有头戴盔甲，并说某月某日要杀死驷带和公孙段，后来驷带和公孙段果然如期而死。这下子可把郑国人吓坏了，人们惊恐万分，失魂落魄。在这种情况下，子产为伯有建了宗庙，并立子孔的儿子公孙泄和伯有的儿子良止为大夫，为的是安抚伯有的亡灵，这样才算不再发生惊恐的怪事了。子大叔不解其意，子产说："鬼有了归宿，就不会在人间作怪了，现在我就替鬼找个安身之处。"子大叔又问道："那么立公孙泄为大夫又是什么道理呢？"子产回答说："作为一个执政的人，有时要做相反的事，目的是讨得人民的欢心。如果不讨得人民的欢心，人民就不相信；人民不相信，他们就不服从。"为了满足群众的心理要求，有时候政治上不能不反其道而行之。子产虽然是无神论者，但他注重现实和人事，时时考虑的是巩固国家的政治统治。

有时候真理并未掌握在多数人手中，如果掌握真理的少数人顶不住压力，成了随风倒的墙头草，这样的少数即使"见识独到"也无济于事。子产把独到的见识、坚毅的性格、高度的灵活性融于一身，确如孔子所言："只有子产才是古往今来的仁人君子啊。"

用理性应对挑战

以何种方式采取行动，需要根据当时所处的位置和环境综合分析，作出判断。善于审时度势是应激适当的前提，比如上司同时在考察二三个人，你作为其中之一如何处理与其他候选者的关系？当其他候选人故意跟你过不去时该怎么办？某位要人一直对你抱有成见，你要不要与他拉拉关系？等等，你必须根据当时竞争的态势、各位候选人的成算、自己被选中的把握度、存在的障碍等情况作出决定：或者按兵不动，或者工作表现更卖力一点，或者私下采取个别行动。所以我们说，你此时的应激一定程度上决定你是否能得偿所愿。

应激是人们在意外突发情况下产生的情绪状态，有两种表现：一种是使活动抑制或完全紊乱，作出不适当的反应；另一

学孔孟之道　　悟领导智慧

种是使各种力量集中起来，使活动积极起来，以应付这种紧张的情况，思维变得特别清晰明确。一个人的应激状态如何，对其具有重要影响。一个人在其一生的为官历程中，会遇到各种意想不到的和突如其来的变故，困难和危机会经常发生，在意外的事变面前，应激状态如何直接关系到事业的成败。好的应激状态在紧张情况下，能调动各种潜力应付紧张局面，可以使人急中生智、化险为夷。如果一个人的应激状态不好，在出乎意料的紧急情况下，往往感知发生错误，思维变得迟缓而混乱，动作受到抑制而束手无策，这样的人是不会有大的成就的。

忠诚但不盲目顺从

子路问事君，子曰："勿欺也，而犯之。"

（《论语·宪问第十四》）

译文　子路请教应当如何侍奉国君，孔子说："不要欺骗他，但却可以同他争辩。"

第六章 敢作敢当：要有做大事的气魄

众说纷纭之中，一个人能坚持自己的主张和作为不动摇是难能可贵的。坚持的前提是领导者能够高瞻远瞩、见识独到，同时要有高度的自信相信自己的主张，坚持自己的主张，不盲目顺从上级领导，这应是做事的原则，其实也是人品的一种体现。

汉宣帝时，边患严重，如何处理，朝廷有两种意见，一种主张穷追猛打，相当多的大臣都持这种主张；一种主张以防御为主，屯田守边。汉宣帝是倾向于前一种意见的，而老将、后将军赵充国则提出并坚持后一种主张。当他主动请缨，率师抵御异族的入侵时，便坚持按自己的主张行事。为此，他受到了皇帝的诏书指责，可他并没有无原则地顺从皇帝的意见。他同异族打了一辈子交道，深知他们之间的利害关系，以及如何利用这种关系，以达到不战而屈人之兵。他于是同皇帝书信往返，一再陈述自己的主张。汉宣帝觉得他说的有理，同意了他的罢兵屯田，可一方面又另行发兵征讨。当赵充国的屯田政策取得了很大成功，异族的武力已被拖得疲惫不堪之时，破羌将军辛武贤、强弩将军许延寿乘机出兵，给对方以重创。当赵充国班师回朝时，他的好朋友浩星赐对他说："朝廷中不少人以为这一次的胜利，是由于破羌将军和强弩将军的出击，斩获甚多，敌人才一蹶不振的。不过也有有识之士看出，敌方早已不堪一击，即使不出兵，敌方也会前来归降的。将军即将面见皇帝，请将这次胜利归功于那两位将军，说自己都没有料到。这样，您就可以保全自己了！"

学孔孟之道　悟领导智慧

如果出于自己安全的考虑，浩星赐的话未尝没有道理。"功高震主"，从来就是臣下的大忌；而"归功于上"，则是屡试不爽的保身的万全之策。归功于那两位将军，也就是归功于支持那两位将军的皇帝。然而赵充国拒绝了，他说："我老了（其时他已七十八岁），官爵权位已到了顶头，怎么能为了一时的避嫌而欺骗英明的君上呢？战争，从来就是一个国家的大事，我们制定一种政策，应当能够成为后世人遵循的法则。老臣我如果不在生命的最后年月向陛下讲清楚用兵的利害关系，一旦我死了，谁还能给皇上说呢？"他终于还是明确地告诉了汉宣帝，战争的胜利，主要不是由于用兵，而是由于屯田。汉宣帝不愧是西汉后期的中兴之主，他认为赵充国的说法是符合实际的，免去了破羌将军的职务，而将处理军事问题的大权交给了赵充国。赵充国是深谋远虑的，如果按浩星赐给他出的主意去迎合汉宣帝，也许可以讨好皇帝于一时，但必然会误导皇帝，使他自以为动武是解决问题的最佳手段，从此便会国无宁日了；而他指出胜利是由于屯田，皇帝将会以防御政策为主，这对国家的长远利益来说，是绝对有好处的。作为大臣，如果不能谦虚退让，居功自傲，那是危险的；但，一味地顺从迎合，而不顾国家的利害，那是欺诈，更是不可取的。而要做到"忠而不顺"，真是谈何容易，谁知道会不会触犯逆鳞呢？但也只有这样，才称得上是难能可贵。

赵普是宋朝开国后的第一代宰相，当时同任宰相的人，大多唯唯诺诺，皇帝怎么说就怎么办，没有主见，或虽有主见却不敢坚持，唯有赵普，敢于坚持自己的主张，不因皇帝的喜怒好恶而随意改变，史书称他"刚毅果断，未有其比"。

有一次，他要推荐某个人担任某个官职，可宋太祖不用。第二天，赵普还是推荐此人，太祖依然不用。换个"有眼力见"的人，早就揣摩皇帝的心意而另改他人了。可赵普就是个死心眼儿，第三天，他依旧将此人上奏。宋太祖发了脾气，将他的奏书撕了个粉碎，扔到地上，赵普不动声色，跪着将碎纸片拾起，带了回去。到了第四天，他将那封粘贴好了的奏书又一次递了上去。宋太祖若有所悟，于是起用了这个人。

在精于为官之道的人看来，犯不着为了别人而同皇帝较劲，惹怒了皇帝，不只推荐的人上不去，自己也会倒霉。比较起来，赵普这种不看皇帝脸色，坚持自己认为是正确的意见，其精神实在是难能可贵。

由于赵普开了这个好头，影响了后来宋朝的一些大臣。朝廷的风气为之一新。

要想做到忠而不顺，除了臣下个人的品德之外，还有一个重要的条件，那就是皇帝得是个豁达大度、肯于纳谏的人。如果皇帝专横跋扈，谁谏就杀谁、整谁，敢于坚持己见的人就越来越少了。

学孔孟之道　悟领导智慧

应对错误指令的策略

对上司发出的正确而合理的指令，当然要认真及时地执行，但上司也是普通的人，有时可能会发出不恰当的甚至完全错误的指令。作为直接受其领导的下属，你该怎么办呢？你可灵活地采取以下对策：

（1）暗示法。

接到不恰当的指令时，你觉得不能执行或无法执行，可先给上司以某种暗示，让其悟到自己的指令不甚恰当。有些指令不恰当，不是因为上司素质差、水平低，而是没有考虑周全，或是只看到了事物的表象，没有看到事物的本质。你稍加暗示，他可能就会马上意识到。

（2）提醒法。

提醒法是明确的。有些不恰当的指令，可能是上司不熟悉、不了解某一方面的情况，有的可能是上司一时遗忘了。你明白地提醒他，上司认识到了，一般都会收回或修正指令。

（3）推辞法。

推辞要有理由，有的可从职责范围提出，譬如说："总觉得这件事不是我的职责，要不，同事关系就不大好处理了。"有的可从个人的特殊情况提出。但不管从哪一方面，理由一定

第六章 敢作敢当：要有做大事的气魄

要真实和充分。你推辞了，有的上司还可能会这样问："那你觉得这件事应该由谁来做？"你不能随便点名，也不要随口说"除了我，其他谁都可以"之类的话，比较巧妙的回答是："这事谁来做，我了解得不全面，还是您来定夺好。"推辞不是耍滑头，而是委婉地拒绝。

（4）拖延法。

有些不恰当的指令，是上司心血来潮时突然想出来的，并要你去执行。倘你唯命是从，马上付诸行动，那就铸成了事实上的过错。对这种上司心血来潮而向你发出的指令，如果你在暗示或提醒都不能，推辞也没多少理由时，最好的对策就是拖延。虽然默认或口头上答应，实际上迟迟不动。倘闲着不动，上司会产生疑心的，因此，你必须忙别的事，作为拖延的理由，应付上司的追问。拖延法是消极的，但对有些非原则性问题的不恰当指令，只能如此。你拖延了一段时间后，上司的头脑冷静了，或许有了新的认识，就可能收回指令，或让其不了了之。

有些下属，明明知道上司的指令是不正确的，是有原则性错误的，但认为这正是上司要我做的，天塌下来由上司顶着，就不假思索地去执行了。这是头脑简单的表现。殊不知，一旦追究起来，具体执行者也有不可推卸的责任，甚至要追究直接责任。因而，要保持清醒的头脑，要有自己的主见。

学孔孟之道　　悟领导智慧

用战略眼光观察局势变幻

孟子曰:"有天爵者,有人爵者。仁义忠信,乐善不倦,此天爵也;公卿大夫,此人爵也。古之人修其天爵,而人爵从之。今之人修其天爵,以要人爵;既得人爵,而弃其天爵,则惑之甚者也,终亦必亡而已矣。"

（《孟子·告子上》）

译文 孟子说:"有上天的爵位,有人间的爵位。仁义忠信,好善而不知疲倦,这是上天的爵位;公卿大夫,这是人间的爵位。古代的人修好上天的爵位,那样,人间的爵位就会随之而至。现在的人修好上天的爵位,去追求人间的爵位;当得到人间的爵位,就会放弃上天的爵位,那实在太糊涂了,最终必然把人间爵位也丢掉。"

此处虽是得失之论,却映射出做人眼力的差距。做人眼睛必须雪亮,去察看周围局势的变化,找到自己防守反击的最佳策略。不善如此者,只能做些小打小闹的事。曹操之所以能够成就霸业,主要由于他具备一种居高见远、规取大势的战略眼光。这在他整个争霸过程中,都有鲜明体现。表面上看,这是一种战术,实则为一种

第六章 敢作敢当：要有做大事的气魄

把变化的局势放在心中的做人办事术。

曹操在兖州攻打吕布时，在他周围强敌林立，北面是冀州牧袁绍，东面是吕布，西面是马腾、韩遂，南面是荆州牧刘表，对曹操形成了一种四面包围的态势。在曹操同刘表之间，还横亘着一个同刘表联合的张绣。当时，袁绍势力强盛，而且还没有同曹操彻底闹翻，曹操不可能首先对他用兵。关中马腾、韩遂各拥强兵相争，一时无力对东边用兵，对曹操暂不构成威胁。东边的吕布是宿敌，力量不弱，对曹操的威胁也最大。曹操有意解除这一威胁，但南边的张绣虎视眈眈，一旦对吕布用兵，张绣乘虚袭击后方，后果不堪设想。为了除去后顾之忧，曹操决定采取由近及远、先弱后强的方针，趁张绣立足未久、根基不牢、力量还不算很强大时对他加以征伐，张绣果真率众投降。

曹操兵不血刃，就取得了南征张绣的胜利。有人说这是意外的成功，其实也可说是居高见远、规取大势的谋划之果。

规取大势，还必须具备处理好每个具体环节之间关系的能力。还是在曹操南征张绣回到许都后，就开始为东征吕布创造有利条件。为此曹操又派关中诸将征讨继董卓、王允之后曾控制献帝的梁州军阀李傕，李傕战败被杀。这期间曾和李傕合伙控制献帝的另一军阀郭汜也为部将杀死。至此，董卓、李傕、郭汜集团宣告彻底灭亡。同时，曹操为了集中力量对东方用兵，还采取措施稳住西方的马腾、韩遂，派老侍中兼司隶校尉钟繇持节督关东诸军。钟繇到达长安后，写信给马腾、韩遂，讲清利害关系，劝他们不要轻举妄动。马腾、韩遂表示服从朝廷，并遣子入侍。

随后曹操率大军东征吕布，最后终于在下邳城（江苏睢宁县西北）打败吕布，使自己的势力又扩展到了江苏徐州一带。

在曹操南征张绣，西抚马腾、韩遂，东平吕布，不断取得成功的时候，也正是北方的袁绍在河北地区镇压农民起义军，同公孙瓒交兵，向四处扩张势力得手的时候。至袁绍打败公孙瓒止，袁绍已占据了冀、青、幽、并四州，将黄河以北地区控制在自己手中，成为北方唯一能与曹操抗衡的强大势力。

于是曹操开始准备与袁绍决战。为了解除后顾之忧，他又抢时间果断地急袭徐州的刘备。击走刘备的成功，不仅使曹操对徐州的统治得以巩固，同时避免了同袁绍较量时两面作战的被动局面。

而以上每一个事关死存亡的战略步骤，都源于曹操居高见远，规取大势的战略眼光。

由此可见，曹操一生霸业的成就，不仅是靠他每一次战役中的出奇制胜，更主要的是靠他规取大势的战略眼光。他首先能起于微末，首举义兵，树立自己的声威。然后马上创造自己的优势——挟天子以令诸侯。继而又深根固本、屯田养殖，采取由近及远，由弱及强的方针，使自己军事力量得到加强，然后抓住时机，进行下一步战略，同北方与他争锋的袁绍集团进行决战。在北方统一及巩固的形势下，又以战略家的气魄，毅然南下准备消灭孙、刘两个势力，统一全国。他一方面通过武功树立自己的军事权威，另一面还通过控制献帝及打击王室势力，不断强化自己的政治权威，终使自己成就了霸业。

曹操做人不为小事而动心，总能从大局入手，观察天下风云之变，从而一一加以应对，显示出了大人物的做人胆量和气魄。

领导者要腹有良谋

"夫英雄者，胸怀大志，腹有良谋，有包藏宇宙之机，吞吐天地之志也"，曹操的这番话，说的正是成大事者能拿大主意的决策能力。它包括以下两个方面：

（1）要有全局观念。

古今中外杰出的领导者大都是战略家，都是成大事者，他们具有战略头脑，即具有开阔的视野，统筹全局的能力，成大事者只有具有统率全局的战略头脑，才能从客观上把握事物发展的势态和规律，作出正确的决策。

（2）要有多谋善断的决策头脑。

决策者水平的高低取决于自身的修养。为了提高决策水平，他要树立不断创新的思想，克服因循守旧、墨守成规的思想，要有渊博的知识，当然，一个成功者多谋善断，必须具有分析、判断能力。

学孔孟之道　　悟领导智慧

　　在错综复杂的人际关系中，准确地判断各个层次，各个类别的人员个体和群体的德才情况、思想态度和相互关系，然后区别情况，分别调动他们的积极性和创造性。

　　分析、判断能力还有助于使领导者遵循事物的发展规律，预测未来事物的发展变化，据此分析判断自己所在单位，自己所做的工作，在整个宏观布局上的位置，以及与社会潮流的关系，从而作出相应的正确决策。

第七章

中庸之道：运用「中」与「和」的处事艺术

中即做事不偏不倚；庸是不改变。中庸的基本要义就是要不偏不倚，恰到好处。超级的领导者会在其领导风格中追求中庸之道，讲究内外协调，不走极端，在各方利益中寻求平衡，以达到和的境界，和则令各方满意，自己的领导工作也能够得以顺利进行。

学孔孟之道　悟领导智慧

掌握原则，建立和谐人际关系

有子曰："礼之用，和为贵。先王之道，斯为美，小大由之。有所不行。知和而和，不以礼节之，亦不可行也。"

（《论语·学而第一》）

译文　有子说："礼的应用，以和顺为可贵。先王之道，它的美处正在这，小事大事都按这去做。但是也有行不通之处，就是只知道以和顺为贵，便一意用和，而不再用礼去节制约束，也就行不通了。"

孟子曰："天时不如地利，地利不如人和。"俗话说"人心齐，泰山移"，说的都是和的重要性。当然"和为贵"并不是一味地求

第七章 中庸之道：运用"中"与"和"的处事艺术

"和"，如果跟下属有矛盾，责任在下属，适当给予宽容，也要给予指出。否则他会浑然不觉，以后还会出现类似的错误。责任在管理者，进行有效的处理后，对于一些不知深浅的下属，也不能一味忍让。"和"并不是愚蠢，退步不等于软弱，在适当的时机，予以反击，以阻止下属无休止的纠缠。

在领导工作中难免与下属发生矛盾，如何妥善地处理，保持和谐的人际关系，这就需要把握一定的原则：尉迟敬德原在义军宋金刚手下，后归李世民，为唐朝开国大将，屡建战功。他为人鲁莽骄悍，却又忠正刚直。一次，唐太宗与吏部尚书唐俭下围棋，唐俭抢先占据有利位置，与太宗发生争执。太宗一时动怒，就下令把唐俭调出中央，贬为潭州刺史。但仍余怒未消，便对尉迟敬德说："唐俭轻视我，我想把他杀了，你替我作证，就说他对我有怨气，出口不逊。"第二天，唐太宗便让尉迟敬德和唐俭当面对证，敬德叩头至地，说："我确实没听说过。"唐太宗反复再问，敬德还是这样回答。唐太宗一怒之下把手上的玉板摔碎在地，拂袖入内。过了一会儿，太宗忽命设宴请三品以上高官都入席。席间，太宗李世民面对众臣说："尉迟敬德刚正不阿，今日之事，使各方面都得到了益处：唐俭免去了冤枉定下的死罪，我不致落下个枉杀无辜的恶名，敬德也免得违心地服从我，我有改过自谴的美德，唐俭有重获生命之幸运，敬德有忠正刚直的声誉。这样，三方面都得到益处。"唐太宗便赏赐尉迟敬德千匹缎子。大臣们都向太宗祝贺。

学孔孟之道　悟领导智慧

尉迟敬德依仗自己有功,便骄傲放纵自己,经常盛气凌人,招致同僚不满。曾有人告他谋反,唐太宗倒不轻信,找来问询是否当真。敬德说:"臣随陛下讨伐四方,身经百战。如今幸存者,只有那些刀箭底下逃出来的人。天下已经大定,臣子会谋反吗?"说着把衣服脱下扔在地上,露出身上的累累伤痕。唐太宗李世民感动得老泪横流,好言好语安慰了敬德一番。

但尉迟敬德骄纵成性,毕竟难改。一次太宗大宴群臣,尉迟敬德和在座的人较短长,争论谁是长者,一时兴起,竟然殴打了白城王李道宗,弄瞎了道宗的一只眼睛。太宗见敬德如此放肆,十分不悦而罢宴。太宗对敬德说:"我要和你们同享富贵,而你却居功自傲,多次犯法。你可知古时韩信、彭越如何被杀?那并不是汉高祖的罪过。"尉迟敬德这才有些惧怕,从此以后,行为才有所收敛。

尉迟敬德这样骄横却又正直的人,必须施之以恩,使其感动,但必须抓住其弱点,给予适当的恫吓,起到威慑的作用。

协调人际冲突的基本策略

领导者在处理与下属的矛盾时要以和为贵,首先领导者要有宽广的胸襟,得饶人处且饶人。与下属对待某一问题出现意见分歧,这是很正常的事情,这时作为领导,需要克服自己这样一种心理:"我说了算,你们都应该以我说的为准。"其实,

第七章　中庸之道：运用"中"与"和"的处事艺术

"众人拾柴火焰高"，把大家的智慧集合起来，进行比较、综合，你会找出更可行的方案。下属提出高招，你不能嫉妒他，更不能因为他高明就排斥他，拒绝他的高见。这样，你嫉妒他超过了你，他埋怨怀才不遇，遭受压制，双方的矛盾就会变得尖锐。你有权，他有才，积怨过深，发生争斗可能会导致两败俱伤。

作为领导者，要能够发现下属的优势，挖掘下属身上的潜能，战胜自己的刚愎自用，对有能力的下属予以任用、提拔，肯定其成绩和价值，才会化解矛盾。

发现下属的潜能，并能委以重任，可以减少很多矛盾。下属经你的提示会发现自己的潜能与不足，就会觉得自己得投明主，三生有幸，就会对工作环境、工作条件不那么在乎，也就避免了很多与你发生矛盾的可能。

从另一角度讲，领导者与下属能进行这样的交流，领导发掘并动用下属的潜能，下属从领导那里得到点拨，就会知道能做什么，不能做什么，应该得到什么，不应该得到什么，就不会因得不到某些机会、某种奖励而与上司发生矛盾。

解决矛盾时，如果是你的责任，或者有必要时，要勇于承担责任。谁都会失误，一些事情的决策本身就具有风险性。工作中出现问题时，你和下属都在考虑责任问题，谁都不愿意承担责任，推给他人，自己清静，岂不更好？但作为领导者，无论如何都会有责任。决策失误，自然是领导者的责任；执行不

学孔孟之道　悟领导智慧

力，是因为制度不严或管理者用人失察；因外界原因造成失误时，有分析不足的责任等等。把责任推给下属，出了事儿只知道责备下属，不从自身找原因，就会与下属发生矛盾，也会冤屈下属。这些都会使你失去威信，丢了民心。即使是下属的过失，作为管理者站出来承担一些责任，比如指导不当等等，这更显你的高风亮节，不至于在出了问题以后上下关系都紧张以至出现矛盾，这一站出来就会把很多矛盾消弭于无形。

发现确属自己的错误时，要允许下级发泄。上下级间存在矛盾，如果因为领导者工作有失误，下属会觉得不公平、压抑，有时会发泄出来，甚至是直接面对领导者诉说不满，指斥过错。

遇到这种情况，领导者不能以怒制怒，双方剑拔弩张，不利于矛盾的解决，只会使矛盾更加激化。因此，在遇到下属直接找你发泄他对你的不满时，应该这样理解：他对你是信任的、寄予希望的。没有信任，害怕说了会挨你的整治，他就不会说了；没有寄予希望，他也不会来找你了。

因此，领导者在接待发泄不满的下属时，要耐心地听下属的诉说，如果经过发泄后能令其心里感到舒服，能更愉快地投入工作中去，听听又何妨？同时这也是一个了解下属的很好的机会，可不能一怒而失良机。

第七章　中庸之道：运用"中"与"和"的处事艺术

把握好分寸，凡事讲度

子贡问："师与商也孰贤？"子曰："师也过，商也不及。"曰："然则师愈与？"子曰："过犹不及。"

（《论语·先进第十一》）

译文　子贡说："师和商，哪一个好些？"孔子说："师呀，常常过了头；商呀，又老是不及。"子贡说："那么，该是师好一些了？"孔子说："过了和不及，都是一样。"

好多事情如果做得不到位，或者没有深入到实质，往往导致功亏一篑的惋惜，或者被人愚弄欺骗的无奈。不及是多方面的，有的是主观要求上的，如只重整体，不重个别；只重表面，不重实质。有的是认识上的，只重当前，不重长远，只见美满，不见隐患。当然也有的是实践上的，只重空谈，不重实际，只重臆想，不重客观。这些不及的结果，都是与自己的目的愈去愈远。

同样的道理，如果做事走向极端，把事情做过了头，也会远离自己的目的。小人之所以是小人，就是因为他们做事情往往过了头。而君子就善于把握中庸之道，不把事情做得太过。所以万事都要讲究一个"度"字。

学孔孟之道　悟领导智慧

战国时期，秦、赵两国的大军相持在长平，一时难以决出胜负。后来，赵王误中了秦的反间计，便用赵奢的儿子，只会纸上谈兵而缺乏实战经验的赵括代替廉颇为将。赵括的母亲放心不下，面见赵王，说："知儿莫如母，我认为绝不可用赵括为将。"赵王不解，反问道："此话怎讲？"

赵括的母亲回答说："我刚嫁给他父亲赵奢的时候，见赵奢为将，不把官俸据为己有，而是用来养士，仰仗他供给衣食的达数百人。大王赏赐给他的财物，全部分给下级军吏。自从他领受大王之命的那天起，便一心为公，不再过问家庭私事。今赵括一旦当了大将，便目中无人，趾高气扬起来，军吏没人敢抬头正视他的。大王之所赐，都归他个人私有，而且经常说：'看有价钱便宜的好田地、好住宅，能买就赶紧买下来。'父子虽都姓赵，但二人的志向却大异。因此，我建议大王不要重用他。"

赵王说："不要说三道四，我已经决定了。"赵括的母亲说："大王如果非用不可，出了毛病，恳请不要株连赵家本族。"赵王连声答应说："好，好。"

赵括当上大将以后，完全改变了老将廉颇坚守不出的策略，大举出击，被秦将白起打败，四十余万降卒尽被坑杀，赵括也被乱箭射死。他母亲哀叹道："果然不出所料！我早把他看成死人了，像没有这个儿子一样。"赵王因赵括的母亲有言在先，没有追究赵家之罪。但此役之后，赵国元气大伤，一蹶不振，终于为秦所灭。赵括只知

第七章　中庸之道：运用"中"与"和"的处事艺术

纸上谈兵，在实战和凝聚人心方面，远不如其父赵奢和大将廉颇，最终招致全军覆没，实在可悲可叹！

如果说这是不及的后果，那么"过"同样也不会善终。三国时期，杨修恃才放旷，熟知曹操心思，为曹操忌恨，终招杀身之祸。曹操修一花园，在门口写一活字，众人不解其意，独杨修知其嫌门阔，于是将门改小。又一次，曹操在一酥盒上长长地写道"一合酥"。因古时写字是竖着写，别人又不知其意，独杨修开盒拿起酥饼吃起来。杨修见别人不吃，就得意扬扬地对旁人讲："将这三字拆开，就是一人一口酥，大家吃吧！"曹操听说此事，深为不满。

又一日，行军途中。曹操发出军令"鸡肋"。杨修于是收拾行李，准备撤兵。当时曹操还没有令将士撤军，于是众将士问杨修为何要收拾行李。杨修说："鸡肋，食之无味，弃之可惜，所以要撤兵！"曹操听说后，以造谣惑众、扰乱军心罪处死了杨修。杨修恃才放旷，最终招致杀身之祸。他的才华，在中庸学看来，其实只是小聪明。中庸者虽心里明白而不随便表露出来，绝不去表现得比别人聪明。如果杨修知道他的聪明会给他带来灾祸，他还会耍小聪明吗？所以他的愚蠢之处，就在于不知自己的聪明会招来杀身之祸。这样的人是聪明吗？多年中，他被提拔得很慢，肯定是曹操不喜欢他的缘故。对此，他没有意识到曹操对他疑心越来越深。这就是说，该聪明的时候他反倒真糊涂起来了。如果他能迎合曹操不表现他的聪明，或适时适地适量地表现才能，那么他很可能会成功的。人们也许会说，

学孔孟之道　悟领导智慧

杨修之死，关键在于曹操也聪明，在于他的多疑，但是换了谁，作为上级能愿意让部下全部知道他的心思、他的用意呢？显然杨修最终非失败不可。这可算是"聪明反被聪明误"的典型。

他的才华过于外露，从谋略来看，尚不是真才，不是大才，那么除了灾祸降临，他还会有什么结果？曹操何等聪明之人，在他跟前，笨蛋当然不会受重用，才能太露又有"才高盖主"之嫌，所以真正聪明的人会掌握"度"，过犹不及。相反，朱元璋成功的原因之一就得益于他早期的"藏锋守拙"。

明朝开国君主朱元璋打天下的前期，攻克徽州后，在各支争雄队伍中，实力可说是很强大了。但他是否要马上称王，还是继续增强内功、扩大根基成为摆在他面前的一个关键而急切的问题。这时，他采取了部下邓愈推荐给他的隐居知识分子朱升的建议。针对朱元璋"在当时形势下应该怎么办"的问题，朱升说："高筑墙，广积粮，缓称王。"意思是说，第一要巩固后方；第二要重视发展生产；第三要作长远打算，别忙于称王。朱元璋认为很好，就采纳了他的意见。可以说，朱元璋走向成功，与此步大为相关。

把握好批评下属的尺度与分寸

批评的目的是限制、制止或纠正某些不正确的行为。下属做了错事，领导一味做好好先生也是不行的，这样不但无形之

第七章 中庸之道：运用"中"与"和"的处事艺术

中会助长做错事的员工的势头，也会挫伤那些有能力的员工的工作积极性。

批评下属是一件不太轻松也不容易的事情，有时会令那些缺乏管理知识和经验的领导者无所适从。运用批评武器的能力折射着领导的管理水平和领导魅力，反映着领导的经验和智慧。如果粗暴简单地运用批评，不仅不能有效地促进下属工作的改进，反而会严重损伤下属的积极性和自信心。

在日常的工作中，领导批评犯错误的或工作失误的下属是常有的事，也是正常的工作需要。每位领导为了实现自己的奋斗目标，都要使用批评手段，学会和正确运用批评的艺术，这对于领导工作是非常重要的，在批评时要注意把握分寸，以达到教育下属的目的。

（1）不要当众指责下属。

有的领导喜欢在众人面前斥责下属，是想以此来把责任转移到下属身上，好让上级、客户或其他下属知道，这不是他的错，而是某个下属办事不对，其实这是非常错误的做法。

身为领导，无论如何都应对单位的人与事负责任，一味强调自己不知情，反而会在下属及客户面前暴露出你管理不力或由你所制定的管理体制不健全的问题，甚至还会留给他人自私与狭隘的印象。

单位所出现的一切问题，你作为领导必须负起这个责任。

学孔孟之道　悟领导智慧

如果你以下属为挡箭牌，逃避责任，作为替罪羊的下属很可能因此自暴自弃，再也不会热衷以后任何活动、任何工作了。

在发生问题的时候，如果领导确实不十分知情，该把有关人员找来，把问题搞清楚，然后让下属继续工作。领导应该主动负起责任处理问题，等上级或客户走了，有必要纠正、责备时再严格执行处罚条例。

（2）不要指责已经认错的人。

下属在工作中有了失误，并向领导认了错，那么不论是真认错还是假认错，领导都必须予以肯定。然后，便可以顺着认错的思路继续探讨错在什么地方？为什么会犯这样的错误？造成了什么后果？怎样弥补因这个错误而造成的损失？如何防止再犯类似的错误，等等。只要这些问题，尤其是最后一个问题解决了，批评指责的目的也就达到了。

（3）不能因失败而指责。

失败是一种令人沮丧的事情，而最沮丧的便是失败者本人。

失败的原因是多种多样的，或是办事人主观不够努力，或是办事者经验不足，再或者是由于某些客观条件不够成熟，甚至可能是由于巧合，偶然地失败了。在所有这些原因中，除了主观不够努力而须指责外，其他都不能简单地归罪于失败者。如果不分原委地指责失败的下属，必然无法获得预期效果。

第七章　中庸之道：运用"中"与"和"的处事艺术

欲速反而不达

子夏为莒父宰，问政。子曰："无欲速，无见小利。欲速则不达，见小利则大事不成。"

(《论语·子路第十三》)

译文　子夏做莒父县县长，问怎样治理国家。孔子说："不要求速成，不要只顾小利。想求速成，反达不到目的；只顾小利，就办不成大事。"

这是孔子告诫一切为政者：应该有远大的眼光，着眼于长远的大目标，切不可急功近利，只求短期行为。可以说，这是一条带有普遍意义的从政原则：它既能为所有执政者所借鉴，也能为有志于成就大事业的领导者参考和自勉！

有些领导者，快速求成，轻举妄动，故失大胜之机，这是因为他们有一个"利"字当头。这些人常常是把眼光盯在结果上，而不把眼光放在行为上。清帝乾隆则不同，他是站在高处，远望大地，想心中之事，成心中之事，因为他知道："求治不可太速，一时未可轻举。"

乾隆五十七年四月十八日，在进剿廓尔喀的过程中，随着敌方

学孔孟之道　悟领导智慧

情形的陆续传来，乾隆感到有必要对进军的目的作些调整，也就是：能灭其国，固为大胜，万一不行，也可以乘胜见好就收，允降班师。于是，乾隆采用了"不可强为，柔中带刚"这一策略。

福康安、海兰察率领官兵为远征西边征讨廓尔喀，在"午则云雾四合、大雨如注，山巅气寒凛，夜则成冰雪"的恶劣天气下，艰苦行进。沿途林深箐密，路径险峻，东觉岭两崖壁立，中隔热横河，水深流急，官兵只能缘径侧行。士兵们光着脚走在石子上，多被尖石刺伤，还有的被蚂蟥啃啮，两脚肿烂。尽管如此，福康安、海兰察仍设计突袭，屡战屡胜，将军成德一路也连战连胜。清军先后攻克了东觉岭、雅克赛拉、博尔东拉、雍鸦、噶勒拉、堆补木等处，深入廓尔喀境内七百余里，杀敌四千，廓尔喀境内的碉卡木城纷纷被攻克。

后来随着清军不断深入腹地，来势凶猛，周边各部又不稳，廓尔喀执政王叔巴都尔萨野便下定决心"乞降"。其实，早在清兵攻克东觉岭，进兵雍鸦时，巴都尔萨野便送出并委托上年俘虏的清军士兵王刚、第巴塘迈呈递了一封禀帖，内称红教喇嘛沙玛尔巴已病故，乞求降顺，但被福康安拒绝。后来，七月初双方大战于集木集后，国王拉特纳巴都尔再次遣大头人恳请乞降，交送所掠取的扎什伦布寺西藏财物及西藏噶布伦所立年交元宝三百锭，作为聂拉木三处"地租"的文约，并且献上祸首沙玛尔巴的首级。

在这种情况下，乾隆审时度势，作了一番精辟的分析。他说，

第七章 中庸之道：运用"中"与"和"的处事艺术

西藏境内气候骤冷，特别是九月份以后冰雪就会封山，今年气节较早，预计九月中旬就极可能有雪霰，如果不及早撤兵，那么粮草一旦稍有不继，便会陷入进退两难之境：进则不能直捣贼巢；退则又被大雪所阻隔，如果那样，处境将十分危险。

考虑到这些因素，乾隆特地指示福康安要就近筹酌，如果实在很难进取，就不妨据实奏明，受降了结此事。

看到福康安呈报的廓尔喀国王的"乞降"奏折后，乾隆见好就收，立即下谕，允其"降顺"，并命福康安等立即撤兵回到内地，以遵守信用。乾隆随即封赏了有功人员，授福康安为大学士，领侍卫内大臣，加赐一等轻车都尉与其子德麟，晋升二等公，海兰察为一等公，其余人员均逐级晋职升官。

五十七年九月二十日，经清军领队大臣珠尔杭阿的带领，廓尔喀贡使到扎什伦布寺谢罪。班禅对廓尔喀贡使说，你部落自恃强横，滋扰佛门静地，仰蒙大皇帝发兵进剿，你们也能及早悔过，归降后，唯当永远恭顺，不可再犯。班禅赏赐给使者一些银物，使者及随行人员备受感动，"均各感悦"。

乾隆五十八年正月初，廓尔喀使者如期抵京，呈献表文和贡品，毕恭毕敬。正月初八、十三、十九等日，乾隆赐宴为廓尔喀使者接风洗尘，并随即封拉特纳巴都尔为廓尔喀国王。

从停兵议和修贡以后，廓尔喀国王遣派使者五年一贡，双方关系密切融洽，经常有贸易上的友好往来，边境从此安宁祥和。

学孔孟之道　　悟领导智慧

乾隆在进剿廓尔喀连胜之际却痛下决心，当机立断，放弃了过去欲征服廓尔喀并将其国分给各部土司的方针，改变态度，以"受降完事"。这一智变是可取的，也是非常及时、正确的。

在远征廓尔喀之战中，实际上清军已经遭受重创，乾隆从福康安先前陆续呈报军情的奏折中已经看出，行军之艰难，打仗之艰苦，以及将士伤亡之惨痛等情况，他敏感地意识到，不及时收兵则前功尽弃，不仅无法收场，而且可能全军覆没，后果将不堪设想。因此，果断收兵，在看似成功不远的关键时刻，及时议和允贡，的确是有常人少有的深远眼光的。

避免过早卷入晋升竞争

你要适当克制自己的欲望，不要过分冲动地把自己的急切心情溢于言表，也不要过早地卷入晋升竞争之中，否则将给自己的工作带来不利。

过早地卷入晋升之争，容易成为众矢之的。中国有句俗话说："枪打出头鸟。"说的也就是这个道理。因为，在这种情况下，人们往往总是希望自己的对立面越少越好，自己的竞争对手越少越好。所以，谁要是先出头，无疑会首先遭到攻击。其实，我们不妨看看所有竞争的过程，实际都存在一个比较普遍的规律：淘汰制。也就是说，它是通过不断的淘汰来实现的，

第七章　中庸之道：运用"中"与"和"的处事艺术

而这种淘汰又往往是以某种不太公平的方式进行的。它不像在体育比赛中那样有一定的分组，而且，即使有一定的名额分配，也还有一个机遇的问题。如果能够越晚进行这个程序，往往成功的可能性也就越大。

过早地卷入晋升之争，会在竞争中处于不利的被动境地。如果你过早地卷入晋升之争，就会过早地暴露自己的实力，也同时显出了自己的缺陷，以至于往往在竞争中处于不利的被动境地。在一般的情况下，人们在竞争初期总是十分谨慎地保护自己，做到尽可能地不露声色。这样，便可以使自己较好地避免在竞争中受到别人及对手的"攻击"。正如兵书上所说的那样，自己在明处、对手在暗处，此为大忌也。相反，尽可能地忍让、克制自己的欲望和冲动，便可以起到后发制人的作用，可以在知己知彼的情况下获得竞争中的主动权。

过早地卷入晋升之争，会使自己的行为陷入被动。如果你过早地卷入晋升之争，就不容易了解整个竞争情况，使自己后面的行为陷入被动。根据自己的了解和判断，觉得自己的条件在各方面，与其他竞争对手比较有取胜的可能，于是，便当仁不让地冲上前去。其实，我们很可能并不真正了解所有竞争对手的情况。俗话说，"真人不露相"，说不定在你身边就的确有高人呢。如果这样，你的判断只能使你难堪。聪明的人在这种竞争中总是要首先仔细地反复考察，对比自己与对手的优势和劣势，经过反复权衡之后，决定自己该如何办。可在一开始，别人常常并不会表现得十分充分，这样你在一种信息不充分的情况下作出的判断就不能不带有相当的偶然性，也潜伏着危机。冷静的态度常常可以使我们作出一些比较客观的判断。而一旦发现自己在某次竞争中并不能有把握取胜，或者不可能取胜，那当然就可以暂时潇洒一回了。

君子盛德若愚

曾子曰："以能问于不能，以多问于寡，有若无，实若虚，犯而不校，昔者吾友尝从事于斯矣。"

（《论语·泰伯第八》）

译文 曾子说："自己才能高，却向才能低的人请教；自己知识多，却向知识少的人请教；自己有学问，看来好像没有；自己知识充实，看来好像空虚，别人无理侵犯，他能不计较。从前我的朋友曾经在这上面下过功夫呀！"

第七章 中庸之道：运用"中"与"和"的处事艺术

世上既没有全能全知的人，也没有一无所能、一无所知的人；何况智者千虑也会有一失，愚者千虑，就岂没有一得之见？因此，领导者为什么不能勇敢地放下多能、多知的架子，去向别人求问请教呢？能做到视有若无，会自欺；视实若虚，也一定不会自满。自欺者强不知以为知，以无知为有知，表现为浅薄、浮夸；自满者满足于小成绩，以虚为实，表现为故步自封，不再求进，必然招致失败。

即使是明君贤主，对下属尤其有真本事的下属也会存在很多疑忌。聪明的下属要学会避开他的疑忌点，别把所有的智慧锋芒毕露地表现出来，才能把上下相得的局面维持下去。

唐朝名将李靖虽然一直身临战阵，任职戎旅，但其政治才能早露端倪。

贞观四年（630年），李靖大破颉利可汗，班师回朝后，唐太宗任命他为尚书右仆射，主理政务。但李靖并没有自矜军功，放纵任为，反而谦虚恭敬，隐晦自己的政治才华。他每次参加宰相会议，总是装出一副自己什么都不懂的姿态，很谦虚地听房玄龄、王珪、魏征等人议政，说起话来也故意结结巴巴，似乎不善言辞，与他在军中的善谋健谈判若两人。

俗话说，伴君如伴虎。李靖深知，自己当年不仅没有参与李渊父子起兵反隋的密谋，反而曾经要向隋炀帝告发这件事，这不能不在唐朝两代天子头脑里留下阴影。李渊曾两度要杀他，都与这事相关联。因此，李靖除了在战场挥洒自如外，其他场合总是十分小心

学孔孟之道　　悟领导智慧

恭谨，唯恐留下不良后果。另外，唐太宗李世民在发动玄武门事变之前，曾向李靖问计，实际上是希望李靖站在自己的一边。李靖本着疏不问亲的原则，向李世民表示推辞。事后，李靖对此事也心存戒惧。

随着军功日重，李靖更怕功高震主，对自己的行为很收敛。唐太宗虽为一代明君，但为稳固统治计，对文臣虽能做到优待有加，放心任用，虚心纳谏，胸怀宽大，但对武将中功高望重者则心存疑惧，时刻注意考察试探。如尉迟敬德，他虽一直是李世民的心腹爱将，曾出生入死救过李世民之命，又在玄武门事变中立下首功，而且他性格粗率，毫无政治野心，对李世民忠心不贰。但李世民对他却总是放心不下，常加试探。一次，李世民说："为什么总有人说你要谋反？"尉迟敬德听了非常委屈，气极之下，大呼道："我怎么会谋反呢？"说完，脱下衣衫，露出身上道道伤疤，把李世民弄得很不好意思。

李靖对唐太宗的这种疑惧武臣的心理显然是洞悉的，所以他并不以位居宰相自喜，而把自己这方面的才华收敛起来。有时他还不得不以自晦来消除唐太宗的疑忌。

有一次，唐太宗让李靖向大将侯君集传授兵法，但不久以后，侯君集对太宗说："李靖将来要谋反。"唐太宗便问为什么。侯君集说："李靖教我兵法，只教一些粗浅的东西，不教精华部分，如此留一手，显然是要谋反。"太宗便追问李靖怎么回事。李靖从容答道："这是

第七章　中庸之道：运用"中"与"和"的处事艺术

侯君集要谋反。现在，国家已经安定，我教给他的兵法，足以制服四方，而他却还要把我的兵法全学到手，这不是为了谋反是为了什么呢？"唐太宗听了，这才消除对李靖的怀疑。

李靖在宰相的位置上只待了四年多，却始终诚惶诚恐，觉得倒不如退下来，安享晚年。贞观八年（634年），六十四岁的李靖以患"足疾"为由，向唐太宗请求退休，言辞恳切之至。唐太宗便遣中书侍郎岑文本转告他说："自古以来，身在富贵之中而能知足的人很少。不管是愚笨的，还是聪明的，都不能知满知足。有些人即使并无才能，又有疾病，也往往勉强支撑，不肯退下来。您能如此识大体，很值得称赞。我今天不但要成全您的这种美德，而且要以您为一代楷模。"于是，他下诏给李靖以特殊礼遇，让他在家中休养，在病情好转时，每隔两三天到门下、中书省一次，参加宰相们议事，处理政务，又给他加特进的官衔。

贞观十一年（637年），唐太宗改封李靖为卫国公。贞观十四年，李靖的妻子死，唐太宗特下诏，按汉代卫青、霍去病的办法，筑坟以像突厥的铁山、吐谷浑的积石山形状，表彰李靖的功绩，让其妻子分享荣耀。贞观十七年（643年），唐太宗命画师将李靖肖像画于凌烟阁，列为唐王朝开国二十四大功臣之一。贞观二十三年（649年），李靖因病去世，终年七十九岁。唐太宗下令追赠司徒、并州都督，让他陪葬昭陵。

李靖的大智，即使放在整个历史中来看，也是十分出色的。他

学孔孟之道　悟领导智慧

凭军功登上相位之后，却对自己的才能丝毫不加施展，甚至还装出木讷之相。这种办法使他自己免遭历代都曾有过的悲剧结局，安然无恙地度过余生。能进能止，这是李靖的军事理论在其政治生涯和人生态度中的巧妙运用。看来，李靖不仅精通战场兵法，更深谙人生兵法。他在宰相位置上表现得"尸位素餐"，非不能也，实不为也。他隐藏起自己大智的另一半，使自己前面所立之功丝毫无损，一生固荣无忧。这显然是一种比施展才华更能显示才华的更大智慧。

给自己创造一个主动的大氛围

疑心重的上司的最大特点就是总怕下属对自己不利，处理不好就会处处被动，如果不能离开他，就只能用韬光养晦的策略保护自己。

洪应明先生的《菜根谭》中说："不是改变操履，而是指人应隐身锋芒，君子之才华，玉韫珠藏，不可使人易知。"不露锋芒，并不是消蚀锋芒，而是不要恃才恃权恃财而咄咄逼人，从而使个人更容易被社会、被他人所接受。其实，这也是一种强化自己的学识、才能和修养的过程。学会以此来应变人生。有助于培养自己处理好各种人际关系的能力和技巧，也是放弃个人的虚荣心，踏踏实实地走入人生旅途的表现。

凡事没有取胜的把握，就不必四处张扬，与其使人早有预

第七章　中庸之道：运用"中"与"和"的处事艺术

闻而有准备，不如突然制胜而使人惊愕不已。自古道：识时务者为俊杰。所谓时务，就是客观形势或时代潮流。认清客观形势和时代潮流，才是聪明能干的人。人的一切活动都需要借助客观条件，并且受客观条件的制约；人要想建立功业，取得出色的成就，更要认清和善于利用客观形势的发展变化，因时制宜，待时而动。落后于时势，见识狭窄，处处受阻，不能实现自己的抱负。反之，客观条件不具备、不允许的情况下，不讲究策略，不善于韬光养晦，一味地硬拼蛮干，英雄倒是英雄，然而却可能一事无成，或于事无补。这也就是韬光养晦在为官者与上司相处过程中应变的积极意义。

谨慎行事切莫张扬

孔子于乡党，恂恂如也，似不能言者。其在宗庙朝廷，便便言，唯谨尔。

(《论语·乡党第十》)

学孔孟之道　悟领导智慧

> **译文**　孔子在家乡，容貌温和、谦顺，好像不大会说话似的。但在宗庙或朝廷时，就要详问、明辨；显得很健谈，只是很谨慎罢了。

孔子居家乡时，对乡亲、同宗、同族人所表现的谦恭、随和态度：既没有"智者"自居的架子，也没有什么忘乎所以，鄙夷乡亲的"忘本"情态。这同那些所谓"衣锦还乡"者所表现的傲慢、妄自尊大等，那真有如天壤之别了。而在宗庙、朝廷等大典、大礼、大政之所在就不是这态度，而是说话明白、不含糊，又健谈、明辨是非，只是很谨慎罢了！有时候谨慎也是一种自我保护的需要。

闻雷变色，必为胆小之人。果真吗？刘备为了表面上不让曹操看出共争天下之心，格外谨慎，平时不敢露出半点心比天高的"蛛丝马迹"。在酒席间，听到曹操的豪言壮语，刘备惊声失色，手中的筷子一下掉了下来，此时，恰好雷声大作，于是刘备骗曰："吓死我了，这个雷真响……"这实为他巧妙做人的一大技巧。刘备未当蜀主之前，曾经有过一段时间厚着脸皮寄附曹操门下，过着那种小心谨慎、委曲求全的日子。当然，刘皇叔是不甘于此种生活的，但他毕竟是男子汉大丈夫，懂得能屈能伸的道理，知晓"尺蠖之屈，以求伸也"之古训。

一代枭雄曹操自然识得刘备是一个人物。因此，对于刘备这个

第七章　中庸之道：运用"中"与"和"的处事艺术

人物，曹操自是倍加"关注"，一刻也不敢放松警惕。他不时派人去刺探有关刘备的消息，看那位有着双耳垂肩、双手过膝"异相"的刘备到底在干什么，是否在养精蓄锐，准备反戈一击，以使自己不利。

刘备岂有不明曹操心思之理。对于曹操的各种考察，刘备心惊肉跳，于是乎，刘备终日闭门谢客，终日泡在菜园，锄草、捉虫、浇大粪，干得十分起劲，给人一种平庸和胸无大志的印象。但曹操仍不相信，仍对刘备心存疑虑。因为他认为刘备绝非鼠辈，绝非"池中物"，绝不可能甘于那种浑浑噩噩、平淡无奇的生活。曹操认为，刘备带着关羽、张飞成天泡在菜园里，只不过是想做戏给他看，只不过是想麻痹他。

因此，心有疑虑的曹操想当面试探一下刘备到底是何等人物，以求去掉悬在自己心上的那块石头。他相信自己的眼光，自己的试探能力。于是，他便把刘备邀到府上。其时正是梅子成熟季节，一幕"青梅煮酒论英雄"的千古绝唱便在曹操和刘备之间上演开来。

曹操在凉亭之中设宴招待刘备，二人纵谈古今，海阔天空。曹操是存心试探，刘备则是有意回避。二人之间的对话实际上是一场惊心动魄的斗争，尤其对于刘备而言，更是如此。一旦曹操试探出刘备是"终非池中物"的"飞龙"，是"天下英雄"，那他便会毫不犹豫地杀之而后快，以绝后患。刘备很明白自己的处境，总是小心谨慎，沉着应答，不显山、不露水，紧守自己的心灵之门，竭力装

学孔孟之道　　悟领导智慧

出一副胸无大志的形象，以释曹操心中之疑。

三杯酒下肚，曹操酒意上来，顿显豪气冲天状，硬要和刘备纵论天下大势，纵论天下英雄。

"刘使君，当今天下大乱，群雄四起，不知使君以为谁是真正的英雄？"曹操问。

刘备暗自心惊，曹操和我青梅煮酒论英雄，这不是明摆着要套我的话吗？可千万别上了他的当。因此，刘备略微想了一想，扳着手指，把什么袁绍、刘表、吕布、张绣、刘璋、孙策、韩遂等一一罗列给曹操，就是不提自己。

曹操则对刘备所列之人极为蔑视：

"这些人不过是些鼠目寸光之辈、胸无大志之徒，如何担当得起英雄二字！"

刘备不知如何回答。正兀自怔怔出神之际，曹操一句"今天下英雄，唯使君与操耳"，更似一声晴天霹雳，惊得他手中的筷子脱手落地。你道他如何不惊不怕，以往委曲求全过日子不就是要装出一副胸无大志之徒的模样，好保存实力，以图大业么？如今却被曹操拉上了"英雄榜"。而且被曹操视作与自己平起平坐的英雄，这对他可不是什么好消息，须知"一山不容二虎"乃千古之训啊。大难临头之际，你叫他如何不惊不怕。

曹操看到筷子从刘备手中落地，不禁疑惑起来，不知刘备在搞什么名堂。

第七章　中庸之道：运用"中"与"和"的处事艺术

恰好这时老天帮忙，风云变幻的夏日突然响了一个惊雷，刘备抓住这一"天赐良机"，赧然笑笑向曹操解释：

"吓死我了！这个雷真响，居然吓得我连筷子都丢了……"

曹操信以为真，以为这样一个连惊雷都惊恐的胆小之人，将来还能成什么气候不成，因此，对刘备不屑一顾，变得蔑视起来。刘备因而也就过了这一生死关。

通过谦让来消除矛盾

宽厚谦让，并不是目的，而只是一种手段。我们的目的是通过谦让来消除矛盾，减少摩擦，最终达到成功。"忍"曾被误解过，有人以为它是意志软弱、缺乏斗志的表现。看来，这实在只是肤浅的理解。忍别人难忍之事，实在是已在精神境界上超出了一般人，恰恰是意志坚强的表现。"忍"字心上一把刀，说明在造这个字时，中国人已对忍字理解得十分准确。我们随处可以看到，在一个充满忍让精神的环境中，少生多少闲气，少做多少争斗，人际关系是多么宽松平和。

牙齿刚硬，所以容易折断，舌头柔软，所以能完好保存。柔软不一定不能胜过刚硬，弱小的东西往往能战胜强大的东西。喜好与人争斗一定会受到伤害，而逞一时之勇吃亏就在眼前，做各种事情，一个根本的态度，就是忍让。宽厚和忍让有

学孔孟之道　悟领导智慧

相通之处，但比忍让更富理性精神。没有宽容就没有宽松。无论你取得多大的成功，无论你爬过多高的山，无论你有多少闲暇，无论你有多少美好的目标，无论你坐到多么高的位置，没有宽厚待人，你仍然会遭受决策失误的内心痛苦。

在为官过程中，很多东西都是相互联系，相互依存，人与人之间难免有些明争暗夺，有些摩擦，直接与利益分配有关。"吃亏是福"，这句话充满了人情练达，又合乎辩证法。老子说"祸兮福所倚，福兮祸所伏"，这是用辩证法的道理说明了福埋藏着祸，祸又隐藏着福。那么，吃亏表面上是祸，其实是福，占便宜表面上是福，其实是祸，不就很好理解了吗？